京津冀协同发展的阶段效果评价研究

EVALUATION STUDIES ON STAGE ACHIEVEMENTS OF
COORDINATED DEVELOPMENT IN
THE BEIJING–TIANJIN–HEBEI REGION

叶振宇 等◎著

经济管理出版社
ECONOMY & MANAGEMENT PUBLISHING HOUSE

图书在版编目（CIP）数据

京津冀协同发展的阶段效果评价研究/叶振宇等著．—北京：经济管理出版社，2023.9
ISBN 978-7-5096-9225-7

Ⅰ.①京… Ⅱ.①叶… Ⅲ.①区域经济发展—协调发展—研究—华北地区 Ⅳ.①F127.2

中国国家版本馆 CIP 数据核字（2023）第 172637 号

责任编辑：丁慧敏
责任印制：许　艳
责任校对：陈　颖

出版发行：经济管理出版社
　　　　　（北京市海淀区北蜂窝 8 号中雅大厦 A 座 11 层　100038）
网　　址：www. E-mp. com. cn
电　　话：（010）51915602
印　　刷：北京晨旭印刷厂
经　　销：新华书店
开　　本：720mm×1000mm/16
印　　张：11. 5
字　　数：200 千字
版　　次：2023 年 9 月第 1 版　2023 年 9 月第 1 次印刷
书　　号：ISBN 978-7-5096-9225-7
定　　价：98. 00 元

目　录

第一章 引言

京津冀地区包括北京、天津和河北，地域面积约 21.6 万平方千米，2021 年末地区常住人口 11010 万人，地区生产总值 96355.9 亿元，以全国 2.3% 的国土面积承载了 7.8% 的人口，创造了 8.47% 的经济总量。[①] 京津冀地区是我国人口密度高、交通网络发达、经济活力较强的核心区域之一。2014 年以来，在以习近平同志为核心的党中央坚强领导下，经过中央和地方共同努力，京津冀协同发展已取得了明显的阶段成效，需要进行客观、科学、全面、深入的评估分析。无疑，当前开展京津冀协同发展阶段成效的跟踪评价研究，具有重要的现实意义和应用价值。

第一节 背景意义

"十四五"时期，京津冀协同发展与长江经济带发展、粤港澳大湾区建设、长三角区域一体化发展、黄河流域生态保护和高质量发展等被中央确定为当前我国着力实施的区域重大发展战略，这意味着国家在较长一段时期内将集中更多的财力、物力、人力和政策资源推进京津冀三地协作发展与整合提升，使之成为支撑我国经济持续健康发展的主要增长极。自 2014 年京津冀协同发展上升为国家

[①] 数据来源：《中国统计年鉴 2021》。

战略以来，北京、天津和河北三地从地方政府到企业都开展了形式多样的合作。当前，在"创新、协调、绿色、开放、共享"新发展理念的引领下，京津冀协同发展战略扎实推进，不仅北京非首都功能疏解取得了突破性进展，进一步带动区域高效协作、绿色低碳、包容发展，还加快了京津冀三地一体化发展进程，带动了京津冀与其他区域互动、协调发展。同时，京津冀协同发展作为京津冀三地实现高质量发展的主要途径，将推动京津冀城市群加快形成具有国际竞争优势的世界级城市群。

京津冀地区是人口经济密集地区和需要优化开发的区域。长期以来，京津冀地区面临着定位缺乏统筹、资源环境承载超限、北京"大城市病"问题突出、地区发展差距悬殊等问题，而妥善解决好这些问题的关键在于要加强京津冀三地共同协作、联动发展。2014年2月26日，习近平总书记在北京召开的座谈会上提出了"京津冀协同发展"以及相应的"七点要求"，这一提法很快上升为国家战略。其实，自20世纪80年代初以来，中央和地方政府就断断续续推动过京津冀三地合作。换言之，京津冀协同发展的历史轨迹至少可以追溯到改革开放初期。杨开忠（2015）[①]、张可云等（2014）[②]、李国平（2004）[③]等学者认为，在"京津冀协同发展"概念提出来之前，无论是中央有关部门还是地方政府都曾出台过促进京津冀区域协作的相关规划和政策，学术界还提出过"大北京"等构想。2014年以来，在习近平总书记的关心和领导下，中央和地方按照"一盘棋"的思路，形成推动协同发展的合力。2017年4月1日，中共中央、国务院决定设立河北雄安新区更是体现了中央深入推动京津冀协同发展的重大战略部署。2017年10月，党的十九大报告进一步指出，以疏解北京非首都功能为"牛鼻子"推动京津冀协同发展，高起点规划、高标准建设雄安新区。在从规划走向实践的过程中，京津冀协同发展的阶段效果越来越被社会各界所关注。2019年1月，习近平总书记肯定了京津冀协同发展的阶段效果，同时对继续深入推进京津冀协同发展做了重要的部署。

---

① 杨开忠．京津冀协同发展的探索历程与战略选择［J］．北京联合大学学报（人文社会科学版），2015（4）．

② 张可云，蔡之兵．京津冀协同发展历程、制约因素及未来方向［J］．河北学刊，2014（6）．

③ 李国平．首都圈结构、分工与营建战略［M］．北京：中国城市出版社，2004.

现阶段北京"大城市病"问题虽有所缓解，但仍然比较突出，亟须逐步、稳妥解决，否则将影响首都功能发挥和国家形象，也影响城市持续健康发展。同时，京津冀经济社会发展水平仍然存在较为明显的地区差距，尤其是基本公共服务差距最为显著。京津冀三地产业互动不足、水平不高，交通一体化相对长三角、珠三角滞后，资源环境压力较大，这些问题影响了区域协调发展。目前，中央已经明确了将产业转移协作、交通一体化、生态环境保护作为京津冀协同发展的三大率先突破领域，这是阶段发展的客观需要。此外，京津冀三地正在打破行政区划束缚，大力推动体制机制创新和要素资源整合，促进公共服务共建共享，推进市场一体化进程，明确到 2020 年形成目标同向、措施协调、优势互补、互利共赢的发展新格局。因此，为了全面深入准确反映京津冀协同发展的进展以及区域发展现状、趋势，亟须建立一套可行的、科学的、客观的评价方案，对京津冀协同发展进行定期的监测和评价。

本书从高质量发展出发，基于新发展理念的视角，并综合考虑协同发展的重点和区域实际情况，编制了协同发展指数评价指标体系，并对 2010～2020 年京津冀协同发展进行较为全面、客观、连续的评价，以此揭示协同发展的变化特征和一般性规律。同时，为反映社会各界对京津冀协同发展阶段效果的主观感受，本书还将报告一项问卷调查评价结果，以便更加地客观展示京津冀协同发展坚持以人为中心的理念。而且，本书尝试讨论"雄安质量"和建立北京城市副中心建设的监测指标体系，并深入分析北京"疏解整治促提升"专项行动效果和京津冀基本公共服务均等化进展情况。可见，开展这项研究是对京津冀协同发展战略实施阶段效果评价的一种积极探索，具有重要的现实意义和学术价值。概括起来，包括以下四个方面：

第一，可以为京津冀协同发展阶段成效评估提供重要依据。本书直接评价京津冀协同发展的效果，并从新发展理念的五个方面和高质量发展方面反映了协同发展带来的效果，可以为协同发展阶段评估提供关键支撑。同时，本书还对河北雄安新区规划建设、北京"疏解整治促提升"专项行动、京津冀基本公共服务均等化等问题进行专题研究，这些专题研究的发现能有效支撑本书研究得出的结论。

第二，可以及时、有效地监测京津冀区域发展变化。本书不仅通过进展情况评估分析，还通过构建京津冀协同发展指数评价指标体系，可以监测分析京津冀协同发展的进展情况，能够直观地反映协同发展水平的变化及其影响因素，也可以及时发现问题。不仅如此，本书对北京"疏解整治促提升"专项行动、京津冀基本公共服务均等化等方面作了专题分析，其结果也能从侧面反映京津冀协同发展的重点任务进展情况。

第三，可以更高效地服务中央和京津冀地方各级政府的决策。本书研究不限于学术研究和公开发表，也着眼于成果转化为各级政府的决策参考，着力为地方政府全面理解和贯彻落实新发展理念和加快高质量发展提供施政指引。同时，通过专题研究和分析判断，以便于服务中央有关部门和地方政府决策。

第四，可以丰富和完善区域重大战略实施效果的评估体系。随着区域重大战略实施周期的陆续到来，本书研究所提供的评价方案同样能够为其他区域重大战略实施的阶段效果评价提供可借鉴、可操作的方案，对于探索构建中国特色的区域重大战略评价体系具有重要的学术价值。

第二节　研究现状

在中央和地方推进京津冀协同发展日渐加强的同时，学术界对京津冀合作或京津冀一体化方面的研究不断增多，特别是关于京津冀合作的重点、途径及相关政策的讨论比较多。①②③④ 自 2014 年 2 月 26 日京津冀协同发展被提出以来，中央和地方有关部门、学术界和新闻界等多方力量都在不同时点对京津冀协同发展的阶段成效进行总结评估，以便更好地引导社会舆论和服务政府决策。而且，随着这个战略持续推进，开展京津冀协同发展阶段效果评价研究成为一项具有重要现实意义的工作，可以跟踪监测协同发展的变化和评估其效果，及时向有关部门

---

① 肖金成. 京津冀区域合作的战略思路 [J]. 经济研究参考, 2005 (2).
② 杨开忠. 京津冀协同发展的探索历程与战略选择 [J]. 北京联合大学学报（人文社会科学版），2016 (4).
③ 张可云, 蔡之兵. 京津冀协同发展历程、制约因素及未来方向 [J]. 河北学刊, 2014 (6).
④ 赵弘. 京津冀协同发展的核心和关键问题 [J]. 中国流通经济, 2014 (12).

反馈实际情况，为适时调整、完善政策争取时机；同时，这也是一次富有意义的理论探索，能够为未来创立国家区域战略评估理论奠定基础。以下对这些研究进行梳理总结，以便为后文构建京津冀协同发展指数评价指标体系和专题研究提供必要的支撑。

从评价对象看，目前，绝大多数文献是围绕京津冀区域发展、区域合作或一体化的评价展开的，主要包括：①京津冀区域及省域、城市的经济社会发展综合评价。首都经济贸易大学特大城市经济社会发展研究院研究团队连续多年发布的《京津冀发展蓝皮书：京津冀发展报告》就是一份持续跟踪的年度评价报告，该团队通过构建京津冀发展指数等若干个指数对区域发展进行了综合评价和地区间比较，并首次提出了"京津冀协同发展指数"概念，产生较大的社会影响。① 中国社会科学院京津冀协同发展智库是较早公开发布"京津冀协同发展指数报告"的机构之一，该指数报告基于新发展理念构建了评价指标体系，报告发布后得到社会各界的广泛认可。② 京津冀协同发展统计监测协调领导小组办公室最新发布的"京津冀区域发展指数"结果表明，京津冀区域发展指数呈现上升的趋势。③②产业联系程度评价。温锋华、谭翠萍和李桂君（2017）构建了产业空间联系强度系数，度量了京津冀三地及各市之间的产业关联程度，他们发现京津冀各市之间产业联系强度总体呈现增长态势。④ 祝尔娟、何晶彦（2017）采用企业大数据分析了企业在京津冀三地相互投资的数据进而判断产业协同发展趋势特点。⑤③协同创新评价。刘雪芹、张贵（2015）构建了一个包括创新环境支撑能力、企业创新及知识应用能力等在内的指标评价体系，采用数据包络分析方法对京津冀产业协同创新能力进行评价，结果发现京津冀产业协同创新整体能力较强。⑥

① 文魁，祝尔娟，等．京津冀发展报告（2016）［M］．北京：社会科学文献出版社，2016．

② 中国社会科学院京津冀协同发展智库课题组．京津冀协同发展指数报告（2016）［M］．北京：中国社会科学出版社，2017．

③ 京津冀协同发展统计监测协调领导小组办公室．京津冀区域发展指数稳步提升［N］．中国信息报，2021-12-21．

④ 温锋华，谭翠萍，李桂君．京津冀产业协同网络的联系强度及优化策略研究［J］．城市发展研究，2017（1）．

⑤ 祝尔娟，何晶彦．基于大数据分析京津冀产业协同进展与动向［J］．产业创新研究，2017（2）．

⑥ 刘雪芹，张贵．京津冀区域产业协同创新能力评价与战略选择［J］．河北师范大学学报（哲学社会科学版），2015（1）．

④市场一体化评价。既有研究采用一价法则分析了京津冀三地零售商品价格指数变化的一致性，结果发现一致性总体趋于上升，这表明市场一体化水平明显提高（陈甬军、丛子薇，2017）。① ⑤要素一体化评价。邬晓霞、李青（2015）利用2003~2012年京津冀地区城市层面数据，运用F-H方法测度了京津冀金融一体化程度，结果表明地区金融一体化水平呈现上升趋势。② ⑥公共服务均等化水平评价。王延杰、冉希（2016）通过简单的测算比较后发现，京津冀三地一些涉及民生的公共服务出现了"断崖式"差距。③ 但是随着协同发展战略实施，京津冀三地基本公共服务均等化出现了积极向好的变化。④ ⑦可持续发展评价。檀菲菲等（2014）采用集对分析的方法利用构建的区域可持续发展评价指标体系分析了京津冀可持续发展能力，结果表明2000~2010年京津可持续发展协调能力有所提高，而冀始终未见改善。⑤

从评价方法看，学者通常基于研究对象、研究目标等目的来选择合适的方法。①统计指数评价方法。首都经济贸易大学特大城市经济社会发展研究院每年发布的《京津冀发展蓝皮书：京津冀发展报告》都是基于年度主题，建立指数评价指标体系，进而开展指数评价。京津冀协同发展统计监测协调领导小组办公室发布的"京津冀区域发展指数"是基于新发展理念的五个方面构建评价指标体系。②评价指标体系方法。如常森和曹海青（2021）构建了京津冀城市群发展水平评价指标体系分析京津冀城市群发展状况。③大数据分析方法。祝尔娟、叶堂林和王成刚（2015）借助企业大数据分析了京津冀协同发展的进展，比较详细地揭示了京津冀三地相互投资规模、次数、行业分布等特点。⑥ ④社会学方法。杨志云（2022）采用了社会学广泛使用的田野调查方法对京津冀四个区县分别进

---

① 陈甬军，丛子薇．京津冀市场一体化协同发展：现状评估及发展预测［J］．首都经济贸易大学学报，2017（1）．

② 邬晓霞，李青．京津冀区域金融一体化进程的测度与评价［J］．广东社会科学，2015（5）．

③ 王延杰，冉希．京津冀基本公共服务差距、成因及对策［J］．河北大学学报（哲学社会科学版），2016（4）．

④ 田学斌，陈艺丹．京津冀基本公共服务均等化的特征分异和趋势［J］．经济与管理，2019（6）．

⑤ 檀菲菲，张萌，李浩然，陆兆华．基于集对分析的京津冀区域可持续发展协调能力评价［J］．生态学报，2014（11）．

⑥ 祝尔娟，叶堂林，王成刚．京津冀协同发展的最新进展——基于全国海量企业的大数据分析［J］．人民论坛，2015（27）．

行公众感知和效果评价的调查，他的调查结果表明 61%～73%受访群众认为京津冀协同发展对本县（区）影响是比较大的。① 曹倩等（2021）基于社会网络分析法对京津冀协同发展相关政策进行研究，发现中央有关部门在京津冀协同发展相关政策的发布上合作较为密切，但京津冀三地各部门之间在相关政策发布上的合作较少。② ⑤政策评估方法。安树伟、董红燕（2022）采用双重差分方法评估了京津冀协同发展战略有关重点领域进展效果，其结果发现战略实施对北京人口规模下降、区域生态环境改善、区域交通一体化都有明显效果，但对产业协同发展未起到作用。③

从总体评价结果看，绝大多数研究成果表明京津冀协同发展阶段成效已经显现。其中，部分代表性研究成果包括：①京津冀协同发展统计监测协调领导小组办公室发布的报告显示，京津冀区域发展指数在过去的五年呈现稳步上升的趋势（见图 1-1）。②中国社会科学院京津冀协同发展智库课题组的研究成果显示，2014 年以来京津冀协同发展指数呈现稳步上升的趋势，而生态环境治理效果较好和公共服务差距缩小是引起这种变化的主要因素。2017 年，中国社会科学院京津冀协同发展智库组织开展的一项问卷调查结果表明，接近六成的受访者为京津冀协同发展的阶段效果点赞。④ ③首都经济贸易大学连续多年发布的京津冀蓝皮书也证实京津冀协同发展取得明显的进展，成效显现出来。④孙久文、李国平、安树伟等学者通过数据、案例等分析结果表明，得到京津冀协同发展取得明显的阶段效果⑤⑥⑦，武义青等（2022）更是认为京津冀协同发展取得重大进展。⑧ 很多研究成果发现京津冀协同发展也存在一些突出问题和挑战，主要包括京津冀地区发展地位下降、京津冀产业转移协作势头减缓、京津冀三地要素流动

① 杨志云．京津冀协同发展的公众感知和效果评价：基于四个区县的田野观察［J］．湖北社会科学，2022（1）．

② 曹倩，苗润莲，张士运．基于社会网络分析法的京津冀协同发展相关政策研究［J］．图书情报导刊，2021（8）．

③ 安树伟，董红燕．京津冀协同发展战略实施效果中期评估［J］．经济问题，2022（4）．

④ 中国社会科学院京津冀协同发展智库课题组．京津冀协同发展指数报告（2016）［M］．中国社会科学出版社，2017.

⑤ 孙久文，王邹．新时期京津冀协同发展的现状、难点与路径［J］．河北学刊，2022（3）．

⑥ 李国平，朱婷．京津冀协同发展的成效、问题与路径选择［J］．天津社会科学，2022（5）．

⑦ 安树伟．京津冀协同发展战略实施效果与展望［J］．区域经济评论，2017（6）．

⑧ 武义青，冷宣荣．京津冀协同发展八年回顾与展望［J］．经济与管理，2022（2）．

不畅、京津冀发展差距较大、雄安新区集聚人口与产业能力偏弱等。区域发展差距比较大等问题是长期存在但没有解决的老问题，有些问题则是新问题。

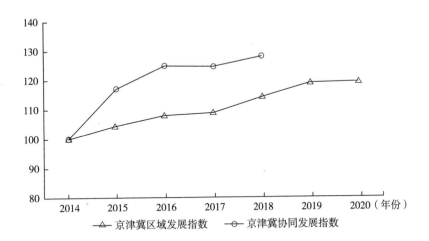

图 1-1　指数结果的变化趋势

资料来源：京津冀区域发展指数来自国家统计局 2019 年 11 月 5 日发布的《京津冀区域发展指数报告》；[1] 京津冀协同发展指数来自《京津冀协同发展指数报告（2020）》。[2]

　　总体而言，学术界对京津冀地区发展阶段效果评价已积累了丰富的文献，但这个领域的研究仍然存在一些有待改进的地方，主要是：①基础理论研究不够。无论是京津冀协同发展的理论还是京津冀协同发展效果评价的理论，其依据都显得比较薄弱。②协同发展内涵理解不到位。有些研究成果在设计评价指标体系时忽略了京津冀三地之间的差距、联系和互动，以致无法真实反映京津冀协同发展的程度。③指标选取不科学。有一些研究将"慢变化"的评价指标与"快变化"的评价指标混用，从而影响了评价指标体系内在的一致性。④数据资料比较单一。绝大多数的研究高度依赖各级统计部门公开出版的统计数据，缺少问卷调查数据或典型案例调查的支持。

---

①　http：//www.stats.gov.cn/tjsj/zxfb/201911/t20191105_1707144.html.

②　中国社会科学院京津冀协同发展智库京津冀协同发展指数课题组．京津冀协同发展指数报告（2020）［M］．北京：中国社会科学出版社，2020.

·8·

第三节　思路框架

本书将以 2014 年以来京津冀协同发展的阶段效果为重点评价对象，着重对《京津冀协同发展规划纲要》确定的重点领域、重点项目以及一些社会比较关心的领域进行评价。但是，需要说明的是：①本书聚焦京津冀协同发展阶段效果进行评价分析。本书侧重于对京津冀协同发展阶段效果的整体评价，客观反映协同发展的水平、能力和质量，兼顾分析了京津冀三地的发展情况。②本书重点锚定《京津冀协同发展规划纲要》确定的 2020 年目标，研究采用数据起止时点为 2010~2020 年，但效果问卷调查评价、北京城市副中心建设监测等部分章节受数据获取限制而未能做到一致。

一、总体框架

本书将按照"1+5"形式设计评价方案："1"是指京津冀协同发展阶段效果的总体评价方案；"5"是指京津冀协同发展的阶段进展评价、京津冀协同发展指数评价、京津冀协同发展的阶段效果问卷调查评价、京津冀协同发展的重点项目评价和京津冀协同发展的专题评价。协同发展阶段效果的总体评价是在规划评价、指数评价、问卷评价、项目评价和专题评价的基础上进行综合分析和提炼总结，最终形成阶段效果总体评价的基本结论。本书研究框架如图 1-2 所示。

二、主要内容

根据研究规范和研究目的，本书将立足理论和现实两方面，提出京津冀协同发展的阶段效果"1+5"评价方案，对不同方面进行分析评价，进而得出可靠的结论和可推广的经验做法，并揭示现实存在的或可预见的问题，最后提出对策建议。具体包括：①在规划评价方面，本书将梳理出《京津冀协同发展规划纲要》确定的 2020 年目标的清单，结合规划确定的重点任务进展和成效进行分析总结，通过数据、事实等情况对照目标清单得出规划目标的完成情况。②在指数评价方面，虽然京津冀协同发展是 2014 年 2 月 26 日被提出来的，但为了便于更长时间比较，本书将从数据可得性和现有研究基础出发，测算 2010 年以来京津冀协同发展指数变化，通过指数变化趋势揭示京津冀协同发展的进展情况。③在问卷评价方面，本书针对京津冀三地的普通居民、政府官员和企业高管设计不同类型问卷，通过问卷调查结果分析不同群体对京津冀协同发展阶段效果的主观评价。④在项目评价方面，本书选取河北雄安新区、北京城市副中心作为对象进行案例研究，尝试构建评价标准或评价指标体系。⑤在专题评价方面，本书重点对北京"疏解整治促提升"专项行动和京津冀基本公共服务均等化进行评价分析。

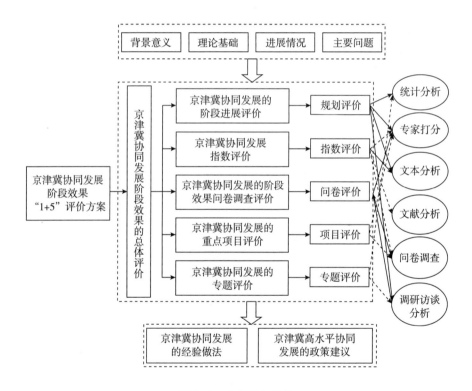

图 1-2　本书研究框架

第四节 研究方法

本书将综合运用区域经济学、城市经济学、产业经济学、环境经济学、投资学、统计学等相关学科的理论和方法，从不同视角评价京津冀协同发展的阶段效果。首先，为了直观反映阶段效果的变化趋势，本书将测算京津冀协同发展指数，用年度指数表征趋势特征。其次，为了考察规划实施进度与效果，本书将应用统计分析、实地调研、问卷调查等方法评估区域规划的阶段目标实现情况。再次，本书将采取实地调研、统计分析、空间分析和微观计量相结合的方式评估重点项目进展，并利用问卷调查、大数据分析等方法分析京津冀协同发展阶段效果的主观评价特征。此外，本书采取文本分析、统计分析等方法评价北京"疏解整治促提升"专项行动实施效果和京津冀基本公共服务均等化变化。最后，在不同方面评价和扎实分析的基础上，对京津冀协同发展阶段效果和经验进行总结、概括。

（1）文献研究法。本书围绕京津冀协同发展指数评价这一主题，充分借鉴了联合国人类发展指数（HDI）、京津冀区域发展指数等国内外有影响力的指数编制方法，收集整理国内外相关研究文献，整理出可供京津冀协同发展指数借鉴的指标及其数据来源，确认备选指标的理论合理性和可行性。

（2）指数研究法。本书将从现有指数评价方法中遴选出合适的方法（包括统计分析、文本分析等），同时遵循相关统计准则，从数据到方法都慎重选择，并邀请从事京津冀协同发展领域研究的专家对指标选取和指标权重进行打分，以便更科学地分析京津冀协同发展成效主要表现及其变化。

（3）比较研究法。本书通过跨年比较方式分析京津冀协同发展的进展，找到其中变化趋势的差异及其主要影响因素。同时，加强对京津冀协同发展差距的分析，从中揭示区域发展差距的基本特征。

第二章　京津冀区域发展的现状特征

2014 年以来，随着京津冀协同发展战略的深入实施，京津冀三地积极落实中央重大战略部署，在深化区域合作的同时，加快推动经济结构战略性调整，统筹推进人口、经济与资源环境协调发展，大力发展社会事业，并已取得一些阶段性成效。然而，应该看到，京津冀三地经济发展仍然面临着结构性、体制性和周期性的问题。

第一节　京津冀区域发展的积极变化

京津冀区域是我国经济高质量发展的三大动力源之一，是有望率先实现社会主义现代化的重点区域。京津冀三地无论是从行政区划沿革看还是从人文历史看都是一个文化底蕴深厚、内在联系紧密、相对独立完整的区域。在协同发展战略的带动下，京津冀三地着力转变发展方式，推动产业结构调整，探索区域协同发展机制，加快经济高质量发展步伐。

一、经济增长缓中提质

第一，京津冀三地经济增速放缓。如表 2-1 所示，在经济新常态的背景下，2014~2020 年京津冀三地经济增速明显放缓，经济总量占全国比重有所下降。2020 年，河北省地区生产总值为 36206.9 亿元，略高于北京市，但其在全国 31

个省（市、区）的排名已从 2014 年的第 6 位下降至 2020 年的第 12 位。同期，北京市地区生产总值在 31 个省（市、区）的排名则保持不变，为第 13 位。相较之下，2020 年天津市实现地区生产总值 15726.93 亿元，其规模在 31 个省（市、区）的排名从 2014 年的第 17 位下降至 2020 年的第 23 位，下降幅度较大。从地区生产总值的全国排名看，尽管北京市经历了这么大规模的产业向外疏解，但在激烈的结构调整中仍然保持着较强的发展韧性，从侧面反映了其增长质量较高；相较之下，在"去产能"、大气污染治理和高压反腐的背景下，天津市和河北省地区生产总值的排名明显下降，但"去产能"和环境治理某种程度上倒逼了津、冀加快转型升级，进而为改善地区经济增长质量创造有利的现实条件。

表 2-1　2014 年和 2020 年 31 个省（市、区）的地区生产总值排名比较

地区	2014 年排名	2020 年排名	位次变化
广东省	1	1	—
江苏省	2	2	—
山东省	3	3	—
浙江省	4	4	—
河南省	5	5	—
四川省	8	6	+2
湖北省	9	8	+1
湖南省	10	9	+1
河北省	6	12	-6
福建省	11	7	+4
上海市	12	10	+2
北京市	13	13	—
安徽省	14	11	+3
辽宁省	7	16	-9
陕西省	16	14	+2
江西省	18	15	+3
重庆市	21	17	+4

续表

地区	2014 年排名	2020 年排名	位次变化
广西壮族自治区	19	19	–
天津市	17	23	−6
云南省	23	18	+5
内蒙古自治区	15	22	−7
山西省	24	21	+3
黑龙江省	20	25	−5
吉林省	22	26	−4
贵州省	26	20	+6
新疆维吾尔自治区	25	24	+1
甘肃省	27	27	–
海南省	28	28	–
宁夏回族自治区	29	29	–
青海省	30	30	–
西藏自治区	31	31	–

数据来源:《中国统计年鉴 2015》和《中国统计年鉴 2021》。

第二,京津冀三地经济增速分化明显。在新冠疫情的严重冲击下,2020 年京津冀三地经济增速大幅度下滑,分别下滑 1.2%、1.5% 和 3.9%(见图 2-1)。从较长时期看,2014~2020 年京津冀三地经济增速表现出分化的态势,北京市经济增速逐渐放缓,这基本符合其发展阶段和经济新常态的宏观背景;河北省本应处于后发赶超、抢抓协同发展机遇的关键阶段,但其经济增速在 6.6% 左右;天津市因受到规范统计核算、统计数据"挤水分"、去产能等影响[1][2],其 2017 年经济增速大幅下降,随后有所回升,但仍然处于低位。

---

① 天津市统计局:《关于天津滨海新区 GDP 统计口径变化的说明》,2018 年 1 月 19 日,http://stats. tj. gov. cn/TJTJJ434/TZGG127/201912/t20191220_1938598. html。
② 天津市统计局:《关于 2018 年地区生产总值数据修订结果的说明》,2020 年 1 月 22 日,http://stats. tj. gov. cn/TJTJJ434/TZGG127/202002/t20200208_2065574. html。

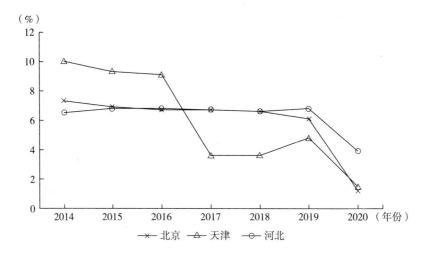

图 2-1　京津冀三地地区生产总值（按可比价计算）增长率

资料来源：《北京统计年鉴 2021》《天津统计年鉴 2021》和《河北统计年鉴 2021》。

第三，京津冀三地经济增长质量上升。从劳动生产率看，2020 年京津冀三地的全员劳动生产率分别为 285128 元/人、217677 元/人和 98630 元/人，较 2014 年分别提高了 42.88%、21.42% 和 40.88%。[①] 从能源强度看，京津冀三地继续深化供给侧结构性改革，加快淘汰落后产能，提高清洁能源使用比例，大力发展绿色低碳产业，明显提升能源利用效率。2020 年京津冀三地万元 GDP 能耗较 2019 年分别下降了 4.46%、2.64% 和 3.77%，比 2014 年下降了 18.7%、25% 和 16.8%。[②] 无论是全员劳动生产率还是能源利用效率的变化都从侧面反映了京津冀三地经济发展方式转变取得了阶段性效果。

二、产业结构艰难调整升级

第一，京津冀三地经济结构优化调整。从三次产业结构看，2020 年京津冀三地的三次产业结构比重分别为 0.4：15.8：83.8、1.5：34.1：64.4、10.7：37.6：51.7，呈现"三二一"的产业结构特征。尽管这个结果不能完全反映这三

---

① 数据来源：《中国统计年鉴 2015》和《中国统计年鉴 2021》。
② 数据来源：国家统计局、国家发展和改革委员会、国家能源局联合发布的相关年份的《分省（区、市）万元地区生产总值能耗降低率等指标公报》。

个省（市）结构优化，但从侧面说明了服务业对地区经济增长作用显著增强。如表2-2所示，从工业内部结构看，北京市"高精尖"产业规模优势逐渐显现，天津市"制造强市"效应日趋增强，河北省通过"去产能"调优了工业结构。2014～2020年北京市高技术产业增加值占GDP比重持续、稳步上升，2020年已达到了25.6%；同时，2020年全市规模以上工业战略性新兴产业总产值占工业总产值比重达到24.8%。天津市工业战略性新兴产业增加值和高技术产业（制造业）增加值占规模以上工业比重分别由2014年的16.4%、12.3%上升到2020年的26.1%、15.4%。2020年河北省高新技术产业增加值增长6.6%，占规模以上工业增加值的比重为19.4%。

表2-2　2014～2020年京津冀工业内部结构优化情况　　　（单位：%）

地区	项目	2014年	2015年	2016年	2017年	2018年	2019年	2020年
北京市	高技术产业增加值占GDP比重	22.2	22.6	22.7	22.8	23.0	24.5	25.6
	规模以上工业战略性新兴产业总产值占工业总产值比重	19.2	20.6	19.7	21.8	23.7	23.8	24.8
天津市	高技术产业（制造业）增加值占规模以上工业比重	12.3	13.5	12.6	14.0	13.3	13.9	15.4
	工业战略性新兴产业增加值占规模以上工业比重	16.4	17.5	18.8	20.8	23.5	25.5	26.1
河北省	高新技术产业增加值增长率	13.2	11.6	13.0	11.3	15.3	9.9	6.6
	高新技术产业增加值占规模以上工业比重	—	16.0	18.4	18.4	19.5	19.5	19.4

资料来源：相关年份《北京统计年鉴》、2014～2020年北京市国民经济和社会发展统计公报、相关年份《天津统计年鉴》、2014～2020年河北省国民经济和社会发展统计公报、《工业发展大跨越　转型升级势头强——新中国成立70周年河北经济社会发展成就系列报告之四》。

第二，北京"瘦身健体"加快"高精尖"产业和现代服务业发展。北京市通过"疏解整治促提升"专项行动为"高精尖"产业和现代服务业发展提供了空间支持。生物医药、新一代信息技术、人工智能等成为北京市"高精尖"产业的支柱行业。2020年，北京市高技术产业实现增加值9242.3亿元，比2019年增长6.4%；战略性新兴产业实现增加值8965.4亿元，增长6.2%。2014～2020

年，现代制造业和高技术制造业保持平稳增长趋势（见图 2-2）。同时，北京市现代服务业呈现良好发展势头。2020 年北京市服务业增加值占比达到 83.8%，其中，2014~2020 年信息技术服务业、科技服务业和金融服务业年均增速分别为 13.74%、10.16% 和 8.11%。① 并且，现代服务业发展载体建设正在成为北京市服务业高质量发展的战略平台。北京市抓住"两区"〔国家服务业扩大开放综合示范区和中国（北京）自由贸易试验区〕建设的重大战略机遇，持续优化服务业发展环境，开辟服务业发展新空间。

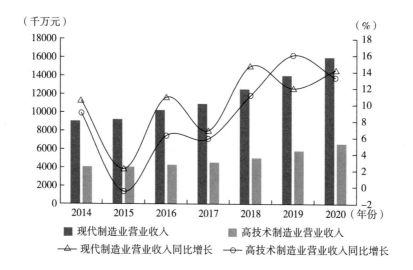

图 2-2　北京市规模以上现代制造业和高技术制造业营业收入及其同比增速

资料来源：《北京统计年鉴 2021》。

第三，天津积极推动制造业高质量发展。虽然天津市经济增速经历了 2017 年和 2018 年连续两年大幅下滑，但在"制造立市"的战略带动下，汽车、集成电路、高端装备制造、航空航天等产业加快补链强链，在继续扩大规模优势的同时力争建立更加完善的产业链配套，带动相关的高技术服务业发展。"十三五"期间，天津市汽车制造业增加值占规模以上制造业的比重由 2015 年的 10.4% 上升至 2020 年的 17.7%。同期，黑色金属冶炼和压延加工业、有色金属冶炼和压

_____

① 数据来源：《北京统计年鉴 2021》。

延加工业增加值占规模以上制造业的比重分别下降至 6.4%、1.1%，比 2015 年下降了 5.1 个百分点、2.4 个百分点。①信息安全和动力电池被遴选为国家先进制造业集群。信创产业异军突起，形成芯片、操作系统、整机终端、应用软件等比较完整的产业生态优势；动力电池产业规模和产业链优势日益突出，聚集了一批具有产能、技术和市场优势的龙头企业。

第四，河北在结构调整中重塑产业发展新优势。"十三五"时期，河北省实施大规模化解过剩产能，在钢铁等六大行业领域超额完成中央安排的"去产能"任务，压减了粗钢产能8212.4 万吨，在污染防治攻坚战中治理了13.2 万家"散乱污"企业。同时，科技创新成为产业发展的新动力源。河北省科技创新主体数量出现大幅度增长，高新技术企业从 2015 年底的 1628 家增长到 2020 年底的9400 家；同期，科技型中小企业则从 2.9 万家增长到 8.7 万家。② 2020 年，河北省高新技术产业增加值增长 6.6%，占规模以上工业增加值的比重为 19.4%；高技术服务业营业收入增长 3.1%。③并且，随着传统产业调整逐步到位，河北省大气质量出现了明显改善，全省 PM2.5 平均浓度从 2015 年的 74 微克/立方米下降到了 2020 年的 44.8 微克/立方米，下降幅度接近40%。④

三、城镇化和城市群稳步发展

第一，城镇化水平呈现京津相对稳定、河北加快提高的势头。如图 2-3 所示，2020 年，京津冀三地城镇化率分别为 87.55%、84.7% 和 60.07%。如果从更长时间看，2014～2020 年北京和天津两地城镇化率相对稳定，都超过了80%，与发达国家城镇化水平接近。相反，河北省城镇化长期滞后，虽然城镇化率由 2014 年的 49.36% 上升至 2020 年的 60.07%，处于加速提高的阶段，但仍低于全国平均水平 3.82 个百分点。今后，随着京津冀协同发展深入推进，河北省工业化将更快速推进，工业化带动城镇化水平迅速提升，城镇化水平将实现更大的突破。

①　数据来源：《天津统计年鉴 2021》。
②④　数据来源：《2021 年河北省政府工作报告》。
③　数据来源：《河北统计年鉴 2021》。

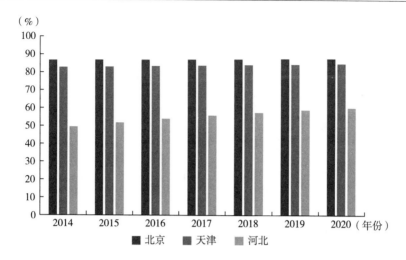

图 2-3　京津冀三地城镇化水平变化

数据来源：《北京统计年鉴2021》《天津统计年鉴2021》《河北统计年鉴2021》。

第二，京津冀世界级城市群扎实推进。目前，京津冀区域的城镇体系相对稳定、合理，以北京、天津为双核心，包含石家庄、唐山、保定、邯郸等区域性中心城市的空间格局基本形成。并且，2014年京津冀协同发展战略实施以来，"轨道上的京津冀"加快建设，京雄城际、京张高铁、京哈高铁等重点项目建成通车，不仅极大提高了城际客流的便捷高效通达，还促进了城市群城市网络发展。同时，随着雄安新区开发建设，雄安新区与保定市将形成更大空间范围的现代都市圈，并在未来有望与北京、天津共同构成京津冀世界级城市群的三个核心战略支点。在2022年北京冬奥会的带动下，河北省张家口市以及承德市部分地区的城市建设、对外交通、发展环境等方面都出现了较大的提升，广大贫困地区也在脱贫攻坚战中摆脱了贫困，与全国其他地区一起建成小康社会。

四、生态环境治理效果突出

第一，大气环境质量明显改善。京津冀三地协力推进压减燃煤、控车节油、清洁能源改造等减排措施，大力治理污染源，超额完成"大气十条"第一阶段目标。2020年京津冀区域PM2.5平均浓度52微克/立方米，比2014年下降了53%，其中，北京、天津和河北PM2.5平均浓度分别为42微克/立方米、51微克/立方米和 63 微克/立方米，比 2014 年分别下降了 51.1%、38.5% 和 37%。2020 年，京津冀地区"2+26"城市优良天数占全年天数的比例平均值为 63.5%，比 2019 年上升 10.4 个百分点。"北京蓝"成为京津冀大气污染治理效果的侧面见证，2020 年北京市优良天数比例为 75.4%，比 2019 年上升 9.6 个百分点，也明显高于京津冀地区平均水平。①

第二，水环境质量显著改善。从地表水水质看，2020 年海河流域监测的断面中Ⅰ~Ⅲ类断面占比为 64.0%，比 2014 年提高了 24.9 个百分点，Ⅴ类断面占比也从 2014 年的 9.3% 下降至 2020 年的 0.6%。从水资源看，在治理地下水超采、生态补水等背景下，2020 年京津冀地区地表水资源量和地下水资源量分别为 72.5 亿立方米、158.4 亿立方米，比 2014 年增长 17.50%、45.32%，京津冀治理区浅层地下水位明显上升。②

第三，生态建设取得进步。京津冀三地森林覆盖率分别从 2014 年的 35.84%、9.87% 和 23.41% 上升至 2020 年的 43.77%、12.07% 和 26.78%。2020 年京津冀地区林业用地面积达到 903.13 公顷，比 2014 年增长了 8.15%，其中，2014~2020 年河北省林业用地面积增长 57.56 公顷。2020 年京津冀地区人工林面积达到 320 公顷，比 2014 年增长 19.13%，其中，2014~2020 年河北省人工林面积增长 42.64 公顷。其间，雄安新区实施了"千年树林"工程，2017~2022 年植树造林超过 40 万亩，森林覆盖率达到 30% 以上。③ 可见，京津冀地区生态建设取得较大进步，生态环境质量得到有力的保障。

五、对外开放力度加大

第一，自贸区的设立推动京津冀三地协同对外开放。自 2015 年 4 月中国（天津）自由贸易试验区（以下简称天津自贸区）获批设立以来，天津自贸区深入实施"放管服"改革，实行外商投资负面清单管理，深化贸易监管制度创新，推进金融开放创新，建立了事中事后监管机制和评估推广机制。2015~2021 年，天津自贸区累计实施各类制度创新 502 项，向京津冀地区复制推广的改革试点经

① 资料来源：中华人民共和国生态环境部发布的《2020 中国生态环境状况公报》。
② 数据来源：《中国环境统计年鉴 2021》。
③ 数据来源：中国雄安（http://www.xiongan.gov.cn/）。

验 118 项。截至 2020 年 2 月，天津自贸区累计新登记市场主体 65271 户，注册资本达到 2.2 万亿元，其中外资企业 2707 户，实际利用外资 100.17 亿美元。[①] 2019 年 8 月，经中央批准，中国（河北）自由贸易试验区（以下简称河北自贸区）正式设立，该自贸区包括雄安、正定、曹妃甸和大兴机场四个片区，是全国唯一跨省份的自贸区。河北自贸区是京津冀协同开放的制度创新平台，不仅要补齐河北省长期以来对外开放水平较低的短板，还要借助北京大兴国际机场重大战略平台深化京冀临空经济区合作。

第二，服务业扩大开放成为京、津两地制度型开放新探索。2015 年、2017年、2019 年和 2020 年国务院先后分别下发了《北京市服务业扩大开放综合试点总体方案》《深化改革推进北京市服务业扩大开放综合试点工作方案》《全面推进北京市服务业扩大开放综合试点工作方案》《深化北京市新一轮服务业扩大开放综合试点建设国家服务业扩大开放综合示范区工作方案》四个重要文件，全力支持北京市扩大服务业对外开放，支持北京通过深化体制机制改革，对照国际先进贸易投资规则，提高制度型开放的广度、深度。随着开放环境的改善，截至 2020 年底，北京新设立外资企业累计 4.5 万家，吸引 55 家世界 500 强企业设立公司总部和 4000 多家跨国公司设立地区和研发中心。天津市先后在 2015 年和2021 年获得国务院批准设立自贸区和服务业扩大开放综合试点，这些开放平台带动融资租赁、商业保理、平行进口汽车、航空制造维修等行业发展，并确立了全国领先的地位，同时也吸引了一批央企设立"走出去"功能总部。

六、民生公共服务取得进步

第一，京津冀三地居民生活水平明显提升。从居民收入水平看，2014～2021年京津冀三地居民人均可支配收入明显提高，北京、天津和河北居民人均可支配收入分别从 2014 年的 44489 元、28832 元和 16647 元增长到 2020 年的 69434 元、43854 元和 27136 元，年均增长率分别为 7.70%、7.24% 和 8.48%（见图 2-4）。从居民消费支出看，2014～2020 年京津冀三地居民人均消费支出随着收入水平提

---

① 数据来源：《天津自贸区设立 5 周年系列报道之三——高质量发展的"排头兵"》，https://baiji-ahao.baidu.com/s? id=1664852716108036429&wfr=spider&for=pc。

高而呈现增长势头，北京、天津和河北居民人均消费支出分别从 2014 年的 31103 元、22343 元和 11932 元增长到 2020 年的 38903 元、28461 元和 18037 元，年均增长率分别为 3.80%、5.82% 和 7.62%。[①] 可见，河北居民人均可支配收入和人均消费支出增长速度都超过了北京、天津，这是京津冀协同发展战略实施以后带来的一个显著的积极变化。

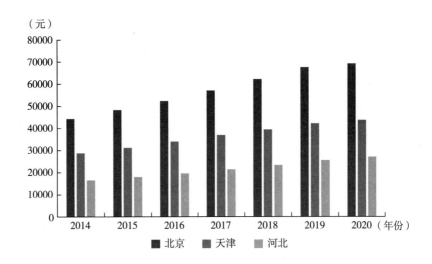

图 2-4　京津冀三地居民人均可支配收入变化

数据来源：国家统计局国家数据（https：//data.stats.gov.cn/）。

第二，京津冀三地公共服务持续改善。从公共服务投入看，京津冀三地人均一般公共服务支出从 2014 年的 1254 元、1106 元和 719 元分别增长到 2020 年的 2408 元、1591 元和 1051 元，年均增速分别为 11.49%、6.24% 和 8.32%（见图 2-5）。[②] 从教育方面看，"十三五"时期，北京市新建改扩建中小学 126 所，新增学前教育学位 23 万个；[③] 同期，天津市实施完成第三轮义务教育学校现代化标准建设，建设了一批优质高中，新建改扩建幼儿园 672 所，新增学前教育学位

---

① 数据来源：国家统计局国家数据（https：//data.stats.gov.cn/）。
② 按地方财政预算支出口径计算。
③ 数据来源：《2021 年北京市政府工作报告》。

16万个;^① 河北省大力发展公办幼儿园,新增普惠性学前教育学位25万个,普惠性幼儿园覆盖率达到82.98%,九年义务教育巩固率提升至97.6%,高中阶段毛入学率达到94.14%,分别比2015年提高了3个百分点、4.99个百分点。^② 从医疗养老看,"十三五"时期,北京市深化医疗体制改革,着力降低居民医药负担,建设就近养老服务体系,建成运营1000家左右养老服务驿站;天津市推广"互联网+医疗"服务,新建改扩建了一些重点医院,优化医疗机构布局,实现了院前医疗急救平均反应时间降至10分钟以内;^③河北省组建了一批覆盖城乡的县域医联体,有效地解决乡镇卫生院服务弱项,引进社会资本在环京地区布局建设了一批医养结合的养老基地,引入北京优质医疗机构托管或设立分院,扩大优质医疗服务资源供给。

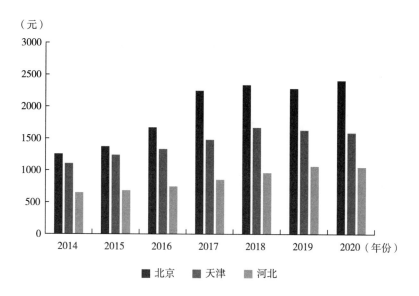

图 2-5　京津冀三地人均一般公共服务支出比较

数据来源:国家统计局国家数据(https://data.stats.gov.cn/)。

①③　数据来源:《2021年天津市政府工作报告》。

②　数据来源:河北新闻网发布的《河北教育"十三五"圆满收官　新时代教育强省建设迈上新台阶》,http://hebei.hebnews.cn/2021-02-24/content_8379310.htm。

第三，京津冀区域全面完成脱贫攻坚任务。河北省作为京津冀区域脱贫攻坚的战场，经过八年的努力，顺利如期完成脱贫攻坚任务。一方面，北京和天津通过扶贫协作助力河北实现全面脱贫。2014 年以来，北京、天津与河北签订了扶贫协作的有关协议，通过人才支援、产业帮扶、劳务协作、结对帮扶、特色帮扶等多种方式帮助河北省张家口市、承德市等地区完成脱贫攻坚任务，帮助燕山—太行山集中连片特困地区培育壮大绿色发展新动能。另一方面，河北省加大省级财力、物力和人力投入，因地制宜实施产业、就业、科技、教育、健康、消费扶贫，"十三五"期间完成了解决 3.4 万贫困人口脱贫的任务。①

第二节　京津冀区域发展面临的主要问题

在经济新常态下，我国经济增速逐渐放缓，中央大力度实施"三去一降一补"政策，京津冀地区结构性问题表现得更加突出，地区生产总值占全国比重略有下降，发展不平衡不充分的问题仍然比较突出，体制机制改革比较滞后，营商环境有待于加快改善。

一、经济增速放缓使得结构性问题凸显

第一，京津冀地区经济规模占全国的比重有所下降。如图 2-6 所示，2014~2020 年京津冀地区生产总值占全国的比重由 10.57%下降到 8.5%，而同期长三角地区（三省一市）和珠三角地区（广东省）生产总值占全国比重反而逐年上升，长三角地区经济规模占全国比重由 2014 年的 21.9%上升到 2020 年的24.08%，珠三角地区生产总值占全国比重由 2014 年的 9.9%上升到 2020 年的 10.9%。

---

① 数据来源：《2021 年河北省政府工作报告》。

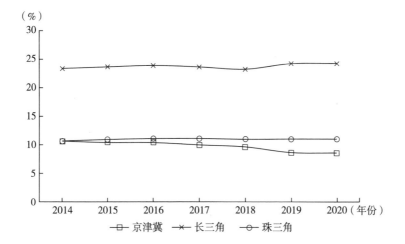

图 2-6 京津冀、长三角和珠三角地区生产总值占全国比重变动

数据来源：国家统计局国家数据（https：//data．stats．gov．cn/）。

第二，京津冀地区产业发展的"老问题"与"新问题"胶着共存。由于京津冀三地产业发展类型、路径和层次差异较大，所以产业链跨区域协作水平较低，即使在 2014 年以来协同发展带动下这种状况也没有得到根本性改变，市场主导推动的产业转移协作还不够充分，而政府主导推动的产业合作园区建设也呈现"冷热不均"的状态。同时，京津冀三地产业发展也遇到了一些新问题。例如，北京市产业链与创新链很难在更大区域范围内实现互动，进而制约了"高精尖"产业发展的规模；又如，天津市"津城"与"滨城"协同发展偏弱，天津滨海新区在新一轮区域发展战略格局中出现了竞争优势相对弱化的问题；再如，河北省从钢铁大省向制造强省转变过程中遇到了新动能"断档"的风险。

二、区域发展不平衡不充分问题依然比较突出

第一，京津冀三地经济发展水平仍然具有较大的差距。如图 2-7 所示，从人均地方财政一般公共服务支出看，2020 年京津冀三地人均 GDP 分别为 164889 元/人、101614 元/人和 48564 元/人，与 2014 年相比都有不同程度的增长，但人均 GDP 的地区差距仍然比较大并具有扩大的趋势，津、冀人均 GDP 与北京的比例分别由 2014 年的 1.05：1、0.4：1 变为 2020 年的 0.62：1、0.29：1。从居民人均可支配收入看，2020 年京津冀三地居民人均可支配收入分别为 69434 元、43854 元和 27136 元，比 2014 年增长 56.07%、52.10% 和 63.01%，但居民人均可支配收入则具有地区分化的趋势，天津居民可支配收入与北京的比例由 2014 年的 0.65∶1 下降至 0.63∶1，河北居民人均可支配收入与北京之比由 0.37∶1 上升至 0.39∶1。

第二，京津冀三地一般公共服务水平差距较大。从人均一般公共服务看，河北人均一般公共服务支出与北京、天津的差距非常大，河北人均一般公共服务支出占北京的比例由 2014 年的 0.52 下降至 2020 年的 0.44，天津人均一般公共服务支出占北京的比例由 2014 年的 0.88 下降至 2020 年的 0.66，可见，津、冀与北京人均公共服务支出的差距呈现扩大的趋势。这种投入差距将进一步导致京津冀三地基本公共服务发展水平呈现两极分化，对公共服务区域均等化形成更大的阻力。

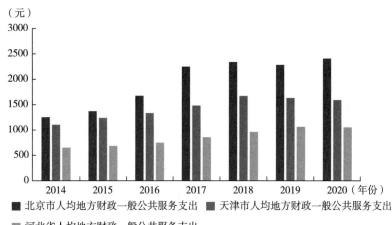

图 2-7　京津冀三地人均地方财政一般公共服务支出变化

数据来源：国家统计局国家数据（https：//data.stats.gov.cn/）。

三、生态环境的基本面仍然偏紧

第一，生态环境治理手段比较单一。目前，京津冀三地生态环境治理高度依赖地方政府各种行政手段，法制化和市场化手段应用不够充分，生态环境治理成效不容易巩固。在治理主体上，企业、公众和社会参与度不足，企业作为环境污染的主要制造者和主要治理力量，其生产方式是"被动督查"而非"主动减污"；公众和社会组织的绿色低碳生活方式和节能环保意识亟须进一步加强；京津冀三地政府间的生态环境治理理念具有较大差异，协同治理成本较高。在治理依据上，京津冀三地通过会商的形式签订了若干个合作框架协议，但这种合作框架缺少法律或行政约束力，因此这些协议不容易得到有效、持续的执行。

第二，京津冀三地环境改善诉求不一致。京津冀三地所处发展阶段不同，污染减排边际成本的较大差异导致三地对于环境改善的诉求不一致。北京处于后工业化时期，对于生态环境的改善需求很高。天津处于工业化后期，河北大部分地区处于工业化中期，津、冀两地对于生态环境改善的迫切程度显然比北京要低一些。因此，京津冀三地地方政府官员对生态环境治理的认识不一致：有些地方政府负责人认为本地还没发展起来，宜适当放松生态环境治理；有些地方官员认为生态环境治理需要得到发达地区转移性经济补偿，否则难以维持长期较高的治理投入。可见，正是这些地方利益诉求的差异，京津冀三地生态环境治理不仅要付出较高的协调成本，还要在协同治理体制机制创新方面加快取得突破。

四、市场化进程进步相对缓慢

京津冀地区市场化水平相对长三角、珠三角较低。根据王小鲁测算的 2019 年各省份市场化指数①，京津冀地区的市场化水平低于长三角和珠三角地区（见图 2-8）。京津冀三地的市场化指数分别排在全国第 7 位、第 9 位和第 17 位，而江苏、广东、上海和浙江则列居全国前四位。2008~2019 年，京津冀三地市场化指数都呈现略有下降的趋势。2008 年北京市场化指数排在第 5 位，2010 年后上升到第 4 位，但由于政府与市场关系、产品市场发育程度的大幅下滑，导致 2019 年北京市场化指数下降到第 7 位。而河北省自 2008 年以来市场化指数排名逐步下滑，由第 16 位下降到第 20 位，2013 年滑落至第 22 位，近年来有所上升，主要原因是价格市场机制不足和地方保护加剧带来的产品市场发育程度不足，优质人力资源供应不足、技术成果市场化程度低带来的要素市场发育程度较低，以及市场法治化程度偏低。

---

① 樊纲，王小鲁．中国分省份市场化指数报告（2019）［M］．北京：社会科学文献出版社，2021.

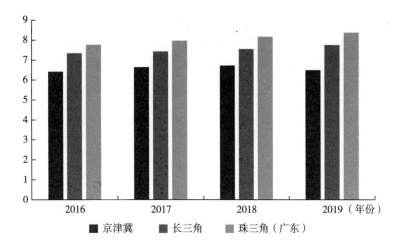

图 2-8　京津冀、长三角与珠三角市场化指数比较

数据来源：樊纲，王小鲁．中国分省份市场化指数报告（2019）［M］．北京：社会科学文献出版社，2021.

第三节　促进京津冀区域高质量发展的政策建议

京津冀三地要毫不动摇地坚持新发展理念，扎实落实协同发展任务，采取精准、有效的措施推动区域协同发展取得更大成效。

第一，深化合作推动经济增长动力系统升级。京津冀区域经济增速放缓，既是宏观经济增速整体放缓的趋势变化，又是自身结构调整叠加外部冲击的结果。北京科技创新能力较强，产业结构与形态层次较高，即使面临较强的短期冲击，也能迅速恢复到较为平稳的经济增速水平。天津在结构深度调整、激烈的区域竞争等因素影响下，钢铁等传统产业萎缩，新兴产业规模有限，经济增速明显下降。河北大力推动传统产业结构调整升级，但新旧动能转换不到位，后劲不足。京津冀三地需尽快形成产业链创新链深度融合的世界级先进制造业集群，这成为增强区域经济增长动力的重点所在。在中央区域协调发展领导小组的组织协调下，京津冀三地有关部门需深化对接，共同编制京津冀世界级先进制造业集群规划，建立区域产业链创新链联动机制。在条件允许的情况下，三地有关部门安排财政资金适时设立京津冀产业链创新链投资基金，引导社会资本共同参与，对新能源与智能网联汽车、生物医药、新一代信息技术、新材料、人工智能等领域的产业链上下游进行精准投资布局，打造协同创新的产业生态。

第二，探索区域共同富裕的实现路径。区域发展不平衡不充分是京津冀实现共同富裕的主要障碍。发展不平衡不仅表现为经济增长速度、人均地区生产总值、居民可支配收入等经济指标差距，还表现为基本公共服务水平、营商环境、基础设施质量等方面的差距。发展不充分表现为一些领域的比较优势未能转化为经济优势。北京的创新优势未能转化为产业优势，天津的工业基础和开放条件未能转化为城市竞争新优势，河北的沿海区位优势未能转化为高水平开放的发展优势。京津冀三地需进一步健全区域协调发展机制，深化区域合作模式，推动重大产业项目协同布局，在张承地区建设京津冀绿色产业基地。三地有关部门需加大优质公共服务共建共享，引导科技企业等社会力量参与开发"互联网+公共服务"场景应用与推广，扩大优质公共服务资源辐射范围。京津两地继续做好对河北有关地区对口帮扶工作，因地制宜实施产业发展帮扶策略，提高帮扶地区自我发展能力。

第三，探索生态环境综合治理机制。在大气污染治理方面，统筹用好财政资金、民间资本等各类资金，因地制宜地推进"煤改电""煤改气"等工程，提高煤炭高效清洁利用，分类治理散煤污染、"小化工"和"小冶炼"废气排放等问题。宣传推广城市绿色交通，完善新能源汽车充电设施布局，鼓励依托互联网平台发展城市绿色交通出行体系。在水污染治理方面，坚持水网综合整治的思路，高标准建设包括县城在内的城市建成区污水管网和生活污水配套处理设施，配套建设各类工业园区污水处理设施，实现城市居民和工业用水达标排放和循环使用。针对农村居住特点，建设与农村居住环境相适应的经济型污水处理设施，积极推广农业污水减量化、无害化、循环化方法，减少农业污水入河、入渠。在土地污染治理方面，借鉴美国棕地治理的经验，提留部分排污费和土地整理资金用于设立土地污染专项治理资金，重点用于城区老工业区、化工园区、村镇工业园区等地的土地污染综合治理，特别是重金属污染、化工污染。采取市场化方式引入第三方治理，允许其进行适当的土地开发特许权限，使其获得合理收益补偿。引导农民科学使用农药和化肥，采取必要措施改良受污染的耕地，倡导耕地休耕轮作。在生态系统治理方面，实施京津冀山水林田草湖海生态治理工程，推进"五湖（白洋淀、衡水湖、七里海、南大港、北大港）六河（永定河、滦河、北运河、南运河、潮白河、大清河）一海（渤海）"的生态修复和廊道建设，特别是加大对白洋淀、海河等重点河湖水域的生态综合治理，完善河湖生态补偿机制，建立渤海环境协同治理机制，化解人口与资源、环境的对立矛盾。划定区域性的生态红线，适当扩大京津冀区域内国家级自然保护区范围，通过退耕还湿、退渔还湿、退牧还湿等方式扩大湿地面积。依托各类自然保护区、林区、草原等生态功能区，规划建设环京津国家公园，建立国家公园管理体制，妥善处理好自然保护与开发的关系。

第四，持续改善营商环境。京津冀三地要把优化营商环境视为振兴发展的生产力，作为补短板强弱项的一项重点工作，全面实施"一网打尽、一掌搞定"改革，涉企业和居民的公共服务项目原则上全部能够实现网上办理或 APP 上办理，最大限度地减少"跑腿"。为了防止官员陋习、不正之风反弹，各级纪检监察委要坚持零容忍的态度，把营商环境领域作为纪检监察重点，加大违纪线索的排查力度，对问题比较多的地方要加大问责力度。各级党委政府要加大对优化营商环境的考评，每年发布营商环境县级单位排名，引入社会监督机制，表彰宣传先进，惩罚排名落后单位。

第三章 京津冀协同发展的阶段进展评价

    2014年2月26日，京津冀协同发展上升为国家战略，之后各方紧紧抓住北京非首都功能疏解这个"牛鼻子"，着力破解北京"大城市病"问题，围绕交通一体化、生态环境保护和产业升级转移三个重点领域率先实现突破，打破行政分割、破除无形壁垒，实现优势互补、一体化发展，深入探索人口经济密集型地区优化开发的新模式。几年来，在以习近平同志为核心的党中央坚强领导下，在各方共同努力下，京津冀协同发展取得了明显的阶段成效，北京非首都功能疏解取得突破性进展，雄安新区和北京城市副中心开发建设，一大批产业合作平台、交通基础设施、公共服务设施等重大项目陆续建成，京津冀协同发展呈现稳步推进的发展局面。

第一节 京津冀协同发展重点领域的进展与成效

    2014年以来，中央有关部门和京津冀三地深入贯彻落实习近平总书记的重要讲话和重要指示精神，在交通一体化、产业转移升级、生态环境协同治理等重点领域率先实现突破，产生了明显的实效，同时在协同创新、公共服务共建共享、体制机制创新等方面也取得不同程度的进展。概括起来，主要包括以下七个方面：

第一，北京非首都功能疏解实现阶段性突破。北京市各级政府紧紧抓住"牛鼻子"，深入开展"疏解整治促提升"专项行动，制定实施严格的新增产业禁止和限制目录，取得较好的效果。据统计，2014~2020年全市累计不予办理登记业务超过2.3万家，2014年以来累计退出制造业和污染企业3000家，调整、疏解或提升各类市场和物流中心1000个；2018~2020年拆违腾退土地1.6万公顷，利用腾退土地"留白增绿"面积约6922公顷，完成3500条背街小巷治理。北京市人口调控效果也开始显现。2020年底，全市常住人口2189万人，比2019年净减少17.9万人，实现连续四年常住人口净减少；2020年首都核心区（包括东城区、西城区）常住人口为181.5万人，比2014年减少了40.9万人，降幅超过18.39%，达到既定任务目标（15%）。① 教育医疗资源均衡布局发展加快推进。天坛医院新院、同仁医院亦庄院区、友谊医院通州院区等项目建成投入使用，首都核心区三级医院累计疏解医疗床位2200个左右；北京大学、中国人民大学、中央民族大学、北京信息科技大学、首都医科大学、北京城市学院、北京建筑大学、北京电影学院等高校向郊区疏解办学。北京城市副中心建设顺利推进。城市副中心行政办公区一期工程完工，第一批市级行政机关已进驻；② 北京城市副中心与北三县一体化发展进入加速推进阶段，达成523项区域通办的便民事项和政务服务事项，2019~2021年累计签订120余个合作项目，共同推动一批断头路打通。③

第二，雄安新区进入开发建设阶段。经过近年来的精心谋划和规划设计，雄安新区"1+4+26"规划体系和"1+N"政策体系已初步形成，容东片区进入施工建设阶段，累计完成投资4000亿元以上。生态环境综合整治取得阶段性进展。"千年秀林"工程率先实施，植树造林面积累计45.4万亩，森林覆盖率由2017年的11%提高至32%。白洋淀生态综合治理持续推进，水质明显改善。目前，白洋淀整体水质从劣Ⅴ类提升至Ⅲ类，新区606个有水纳污坑塘治理完工，唐河污

---

① 数据来源：根据历年的《北京市政府工作报告》《北京区域统计年鉴2021》以及有关新闻发布会整理得到。

② 数据来源：根据北京市发改委在新闻发布会上公布的《京津冀协同发展成效》、历年的市政府工作报告和《北京统计年鉴2021》整理得到。

③ 数据来源：北京市发改委在新闻发布会上公布的《京津冀协同发展成效》。

水库一期工程污染治理顺利完成。① 综合交通运输体系加速建设。京雄城际建成通车。津石高速、雄安新区到北京大兴国际机场高速等项目正处于规划设计或施工建设阶段。②

第三，产业转移协作务实开展。2015~2018年北京市到津、冀投资的认缴出资额累计超过7000亿元；③ 2014~2020年天津市累计利用京冀资金超过11000亿元，占实际利用内资的40%以上；④ 2018年，河北省承接北京外迁企业170家，占北京全部外迁企业数的21.8%。⑤ 目前，京津冀部分产业对接项目已产生规模效应。经过京津冀三地政府积极对接，天津滨海—中关村科技园、北京现代沧州工厂、河北新发地物流园、保定中关村科技创新中心等一批具有标志性、示范性的重大合作产业项目建成。以河北新发地农产品物流园为例，2020年市场交易量达到1100万吨，交易额760亿元，承接从北京疏解过来的商户超过7300户、从业人员超过20000人。⑥ 虽然地方政府在京津冀产业转移协作中发挥重要作用，但是市场化的实践模式却悄然兴起。以中关村发展集团、华夏幸福基业股份有限公司为代表的产业园区专业企业按照自身定位和市场规则探索出了各具特色的产业转移协作的市场化实践模式，这些模式不仅证实了市场力量推动京津冀跨地产业合作是可行的，也说明了我国城市群产业进入空间组织调整的活跃期。此外，京津冀三地协同创新也取得积极变化。截至2021年，中关村科技园企业在津冀设立分支机构达到9000余家，北京流向津冀的技术合同成交额累计达到1760亿元。⑦

第四，交通一体化全面加速。京张高铁、京雄城际、北京大兴国际机场等重点工程已建成投入运营。京津冀机场群分工协作机制逐步建立，"经石入京旅游新通道"深受旅客欢迎，天津滨海机场城市候机楼遍及京津冀腹地。津冀港口群整合成效显现，实现干支联动、优势互补、航线互联和政策共享。京津冀瓶颈路

---

① 数据来源：中国雄安官网（www.xiongan.gov.cn）。
② 数据来源：2022年9月20日国家发改委举行的区域协调发展的新闻发布会。
③ 数据来源：北京市发改委网站发布的《北京推进京津冀协同发展工作进展情况》。
④ 数据来源：《2019年天津市政府工作报告》。
⑤ 数据来源：《2019年河北省政府工作报告》。
⑥ 数据来源：河北新闻网2019年2月24日发布的《河北新发地 打造新标杆》。
⑦ 数据来源：2022年2月23日北京市发改委在新闻发布会上公布的《京津冀协同发展成效》。

和断头路基本实现全部打通，为京津冀三地要素顺畅流动创造有利的条件。京津冀三地居民公交出行便利化取得突破，到2018年底京津冀三地累计发行覆盖公交和地铁的交通联合卡达到327万张。

第五，大气污染防治效果明显。经过这些年的协同治理，京津冀地区大气质量明显好转。2020年，京津冀28个城市的空气质量明显上升，平均优良天数比例达到63.5%，同比上升10.4%，PM2.5平均浓度为51微克/立方米，较2019年下降10.5%；① 京津冀三地PM2.5平均浓度分别为38微克/立方米、48微克/立方米和44.8微克/立方米，分别比2015年下降52.9%、31.43%和52.84%。同时，2020年京津冀三地重污染及以上天数平均为10天、11天和11天，比2014年分别减少了35天、24天和55天。②

第六，基本公共服务共建共享稳步推进。京津冀三地医保异地就医结算极大方便群众。2018年，河北参保人员在京、津就医住院直接结算人次分别为12.92万、3.61万，共占全省在外就医住院人次的90%以上；京津两地参保人在河北就医住院直接结算人次占全省省外参保人直接结算人次的40%左右。③ 京津推动优质教育资源辐射带动河北。例如，北京市采取"交钥匙"工程的方式，帮助雄安新区建设1所幼儿园、1所小学和1所完全中学。又如，北京市与保定市、廊坊市"北三县"等周边地区开展中小学共建、教师培训交流、设立分校等合作。据统计，截至2020年底已有133家河北省医疗机构与278家京津医疗医院实现检验结果互认。④ 此外，河北省环京津的县（市、区）正在成为京津的养老基地，怀来、固安、三河等地都建设了规模较大、医养结合的养老机构，吸引了北京市、天津市等城市老年人入住养老。

第七，组织领导体系日趋完善。为了加强对京津冀协同发展战略的统筹领导，中央成立了京津冀协同发展领导小组，并将领导小组办公室挂靠在国家发展改革委地区经济司，张高丽副总理、韩正副总理先后担任领导小组组长。为了发挥院士和专家的决策咨政作用，中央批准成立了京津冀协同发展专家咨询委员

① 数据来源：《2020中国生态环境状况公报》。
② 数据来源：2014年和2020年京津冀三地生态环境状况公报。
③ 数据来源：河北省政府网（www.hebei.gov.cn）。
④ 数据来源：《2020年河北省政府工作报告》。

会，徐匡迪院士担任专家咨询委负责人，日常服务管理由国务院发展研究中心支撑。2014~2020年，京津冀协同发展领导小组完成了顶层设计和开展第一阶段工作，完成制定了《京津冀协同发展规划纲要》《"十三五"时期京津冀国民经济和社会发展规划》《京津冀协同发展交通一体化规划》《河北雄安新区规划纲要》《北京市通州区与河北省三河、大厂、香河三县市协同发展规划》等重要规划和起草了《中共中央国务院关于支持河北雄安新区全面深化改革和扩大开放的指导意见》《国务院关于支持北京城市副中心高质量发展的意见》《关于支持天津滨海新区高质量发展的意见》等重要文件。同时，按照中央的有关要求，京津冀三地各级政府都相应成立了京津冀协同发展领导小组及其办公室，负责组织实施《京津冀协同发展规划纲要》，研究制定本地区推动京津冀协同发展的有关规划和政策，加强京津冀协同发展工作的上传下达。这些年来，无论是中央还是地方的京津冀协同发展领导小组及其办公室都能根据中央的统一战略部署，按照规划要求，统筹协调、集中发力，取得了显著的工作成效，得到社会广泛认可。

第二节 《京津冀协同发展规划纲要》规划目标完成情况

　　《京津冀协同发展规划纲要》作为指导京津冀协同发展的纲领性文件，对北京非首都功能疏解、交通一体化发展、生态环境保护、产业升级转移、基本公共服务均等化等方面任务都设计了2020年的目标。本章对《京津冀协同发展规划纲要》涉及2020年目标进行了全面梳理（见表3-1），同时根据中央和京津冀三地地方政府发布的进展情况通报、京津冀三地统计数据和课题组调研获得材料进行综合分析和总结这些重点任务实际完成情况，并与规划确定的目标进行对照、分析，采取赋分法得出了京津冀协同发展阶段成效的判断。从各领域阶段成效看，京津冀协同发展取得明显的阶段成效，有些领域进展较大、成效较突出，有些领域进展缓慢、成效不明显，这些结果基本能够客观反映京津冀协同发展的进展实际情况。

表 3-1 《京津冀协同发展规划纲要》明确 2020 年任务目标和完成情况评估

类型	2020 年目标	目标性质	完成情况	成效判断（5 分制）
北京市非首都功能疏解	一般性制造业疏解	定性	2014~2021 年已疏解制造业企业 3000 家	4.5
	部分第三产业疏解	定性	2014~2021 年已疏解提升批发市场物流中心 1000 个左右	4.5
	社会公共服务功能疏解	定性	引导 10 家以上三甲医院和 10 多所高校调整布局	3.5
	部分行政性、事业性服务机构和企业总部疏解	定性	中国船舶、中国电子、长江三峡等多家央企已将总部迁到京外	3.5
北京市人口管控	全市常住人口控制在 2300 万人以内	定量	2020 年北京常住人口规模 2189 万人	5
	城六区人口比 2014 年下降 15%左右	定量	2020 年城六区人口 1098.5 万人，比 2014 年下降 13.93%；2020 年首都核心区（包括东城区、西城区）常住人口 181.5 万人，比 2014 年降低了 18.39%	4.5
交通一体化发展	区域交通网络基本形成	定性	初步建成	3.5
	城际铁路主骨架基本建成	定性	京雄、京津、京张等城际铁路已运营	4
	公路网完善畅通	定性	京津冀三地断头路和瓶颈路基本打通	4
	港口群、机场群服务水平提高	定性	津冀港口集团成立推动了津冀港口群整合提升，京津冀三地机场深化合作	4
	交通智能化、运营管理能力达到国际先进水平	定性	高速公路智能化管理平台建成，高速公路指挥协同调度机制已经建立	3.5
生态环境保护	城市公共环境基础设施体系基本建立	定性	生态环境监测网络建成，大气、水等环境监测数据实现共享	3.5
	PM2.5 平均浓度在 2017 年要比 2013 年下降 15%，以后继续下降	定量	2017 年 PM2.5 平均浓度为 64 微克/立方米，比 2013 年下降了 39.62%；2020 年 PM2.5 平均浓度为 48 微克/立方米，比 2013 年下降了 54.72%	5
	劣V类断面下降 15 个百分点左右，重要水功能区达标率达到 75%	定量	2020 年在监测的 161 个断面中，I~III 类水质断面占比 64.0%，劣V类占 0.6%，比 2014 年下降了 36.9%；2020 年白洋淀整体水质达到IV类，已清除劣V类水体	5
	森林覆盖率达到 30%以上，治理退化草原面积 200 千公顷以上，湿地保有量达到 130 千公顷以上	定量	2020 年森林覆盖率为 27.28%，2014~2020 年治理退化草原面积超过 215 千公顷，2019 年湿地保有量已达到 178.5 千公顷[①]	4

① 森林覆盖率是根据京津冀三地森林覆盖率与国土面积进行加权计算得到。

续表

类型	2020 年目标	目标性质	完成情况	成效判断（5 分制）
产业升级转移	2017 年初步建立区域产业联动发展机制	定性	京津冀三地各级地方政府签订了产业转移协作有关协议，2014～2017 年政府或企业之间对接比较活跃	3.5
	2017 年重点项目转移对接成效显现	定性	京津冀三地深化重点项目合作，天津滨海—中关村科技园、北京现代沧州工厂、河北新发地物流园、保定中关村科技创新中心等重点项目推进取得较大进展，成效显现出来	3.5
	区域间要素流动更加顺畅	定性	京津冀三地要素流动还没有取得实质性突破，北京仍是要素集聚地，北京人才、技术、资本流向津冀的规模不如长三角、珠三角那么大	3
	产业布局更加合理	定性	随着非首都功能疏解到位，京津冀三地优势互补、互利共赢的产业布局正在形成	3.5
创新驱动发展	研发支出占 GDP 比重达到 3.5%	定量	2020 年研发支出占 GDP 的比重达到 3.91%	5
	区域产业链与创新链高效衔接	定性	京津冀三地相互投资相对平稳，产业链与创新链互动有所增强	3
其他领域	地下水基本实现采补平衡	定性	地下水位回升幅度较大	4.5
	河北与京津公共服务差距明显缩小	定性	河北在教育、医疗、文化、社会保障等领域与京津差距出现结构性、积极的变化，但个别细分领域差距仍然较大	3.5
	贫困地区全部实现脱贫	定量	2019 年农村贫困发生率为 0，2020 年已实现目标	5
	建立全方位、宽领域、多层次的开放格局	定性	京津冀三地获批设立自贸区，北京获批设立国家服务业扩大开放综合示范区，多种类型开放平台比较齐全，港口、机场等开放设施完善	3.5

第三节　京津冀协同发展需着力破解的难题

2014 年京津冀协同发展战略实施以来，交通一体化发展、产业升级转移、生态环境保护三个重点领域都亮出了一份份不错的"成绩单"，北京非首都功能疏解也获得社会各界的"点赞"。随着国内外经济形势变化，京津冀协同发展进入攻坚阶段，区域发展仍然面临一些问题、困难和挑战。

第一，京津冀三地经济增长动力不足。京津冀区域经济增速放缓，这既是宏观经济增速整体放缓的趋势变化，又是自身结构调整叠加外部冲击造成的结果。北京科技创新能力较强，产业结构与形态层次较高，即使面临新冠疫情等较强的短期冲击，也能够迅速恢复到较为平稳的经济增速水平。而天津在结构深度调整、激烈的区域竞争等因素的影响下，钢铁等传统产业严重萎缩，汽车、电子信息等重点产业增长乏力，新兴产业规模有限，加之地方债务压力剧增，从而抑制了经济增长活力，经济增速明显下降。河北大力推动传统产业结构调整升级，但新旧动能转换不到位，后劲不足，进而导致经济增速明显放缓。并且，京津冀三地在协同发展中还没有形成产业链创新链深度融合的世界级先进制造业集群，这也是区域经济增长动力不足的一个重要原因。

第二，区域发展不平衡不充分问题比较突出。区域发展不平衡是京津冀实现共同富裕的主要障碍。京津冀区域发展不平衡不仅表现为经济增长速度、人均地区生产总值、居民可支配收入等经济指标差距，还表现为基本公共服务水平和质量、营商环境、基础设施质量等方面的差距。三地经济增长动力系统差异较大导致了这种广泛的发展不平衡性长期存在。同时，京津冀区域发展不充分问题也比较突出，一些具有比较优势的领域未能转化为经济优势。北京的创新优势、天津的制造优势和开放优势、河北的沿海开放优势等都还没有充分发挥出来，未能有效地向产业优势转化。如果今后这些区域比较优势能够充分地发挥出来，那么京津冀发展不充分问题有望明显改善。

第三，推进北京非首都功能疏解的难度增大、增多。随着工作深入，北京市开展"疏解整治促提升"专项行动面临较多的困难，特别是来自基层民众的抵触。同时，推动北京市东城区和西城区的优质教育医疗资源向城六区之外搬迁也面临较大的社会阻力和动迁成本，当地居民担心日后出现上学难、看病难等问题。另外，受涉及范围较大、动迁比较敏感等因素影响，中央和国家机关下属服务机构和企业总部向外疏解目前还尚未全面启动，疏解目录清单至今没有公布。可以预期到，如果没有中央直接介入，北京市政府很难推动这些机构外迁，非首都功能疏解的任务也就难以取得更大的突破。除此之外，北京市近些年多处疏解腾退出来的办公或经营场所现在处于闲置状态，即使是一些改造完成的经营场所，招商引资的效果也不理想，地方政府尚未找到减量发展的路子。

第四，北京城市副中心发展条件与自身定位存在不小的差距。北京市通州区高端产业发展刚处于起步阶段，城市功能配套不完善不健全，优质公共服务资源比较匮乏，高精尖产业和现代服务业规模非常小，因此北京城市副中心短期内难以有效吸引北京市城六区产业和人口"双转移"。并且，北京城市副中心尽管功能定位很高，但现有的政策举措力度不够，不足以吸引主城区新兴业态和人才的群体性迁移。从国际经验看，中央和地方政府都希望通过超前、超大力度加快北京城市副中心建设，进而推动单中心城市空间结构向多中心的结构演化，进而缓解"大城市病"问题，但这需要比较漫长的时间和各级政府保持强烈的战略定力才能实现的。另外，北京城市副中心片区与通州区其他区域、廊坊"北三县"的体制关系尚未理顺，目前城市规划、交通线路、教育医疗、产业发展、行政管理等方面还缺少长效性的统筹协调机制。

第五，雄安新区投融资模式尚处于探索阶段。雄安新区已进入开工建设阶段，前期建设资金主要通过中央和河北省下拨财政资金以及国家开发银行的授信贷款等途径解决，社会资本参与度并不高，积极性不够。最主要的原因是，在现有的体制下，社会资本想参加雄安新区城市开发建设却没有找到清晰的营利模式，而地方政府又缺少相关的配套政策支持，这使得越来越多的企业对雄安新区开发显露出观望的投资情绪。而且，我国当前经济下行压力加大，企业投资意愿并不高。在不依赖土地财政的前提条件下，雄安新区城市开发建设需要大量的资金持续投入，如果不能尽快找到稳健且可持续的城市开发投融资模式，那么城市宏伟蓝图将难以实现。

第六，大气污染治理效果尚未获得广大社会公众的一致点赞。事实表明，京津冀大气质量明显改善，三地 PM2.5 年平均浓度都出现显著下降，但局部地区或间歇性的大气重度污染天气和沙尘天气依然存在，这使社会公众对大气污染治理效果产生怀疑，担心今后大气质量可能因协同治理措施退出而恶化。另外，目前，京津冀大气污染治理主要依靠中央较大力度的环保督察和地方政府加大环保投入、检查和产业结构调整来推进。但这些做法多是行政手段，不具有可持续性，容易产生负面影响。地方政府在执行环保政策时往往采取"一刀切"的做法，导致许多企业怨声载道，不能安心从事生产经营活动。受企业间断性停产减产的影响，工人工资收入明显下降，技术工人流失率上升。这种现象侧面反映了京津冀大气污染治理缺少标本兼治的办法，高压治理方式很难持续。

第七，区域协同发展体制机制创新力度不够。2014 年以来，三地有关部门加强交流，签订了各种合作协议，但这些协议涉及业务领域体制机制创新较少，侧面反映了三地推动协同发展体制创新缺少共识、意愿也不强。而且，京津冀协同发展的体制机制创新不仅要克服地方利益的限制，还要争取得到中央支持突破一些行业性法律法规限制。正因为存在这些制约因素，区域协同发展体制机制创新还没有取得实质性突破，北京非首都功能疏解受到一定的制约，优质服务资源难以近距离向京外周边地区辐射扩散，制造业企业担心转移出去后再难以享受优惠政策和行业监管。例如，在中小学教育方面，京津冀三地使用不同版本的中小学教材和考试评价标准，因而不利于三地之间教师交流。又如，在食品药品监管方面，国家规定食品药品属地监管，北京市企业如果搬到河北就得由当地食药部门负责监管，但企业需要重新办理相关的手续，办理流程为时较长，由此导致企业异地发展的意愿不强。

第四节　推动京津冀协同发展取得更大突破的建议

"十四五"时期，面对区域发展的新形势，京津冀协同发展必须在谋划区域发展上抓好谋篇布局，在加速重点领域突破上实现创新发展。

一、推动北京非首都功能疏解向更深层次迈进

第一，探索以市场化机制为主、内部推力与外部拉力相结合促进北京非首都功能疏解。京津冀三地要紧紧抓住北京非首都功能疏解这个"牛鼻子"不放松，但不能只依靠行政手段和层层传导压力体制去推动，下一步宜采取必要的市场化、法治化手段解决疏解不畅、承接受阻、补偿纠纷、信息不透明等现实难题。在强化内部推力的同时，要增强外部拉力，加快推进北京中心城区与城市副中心、雄安新区要素流动和联动发展。在河北、天津等地统筹布局建设一些产业承接功能较强、营商环境较好、设施配套完善的合作园区，建立利益共享机制，打破行政分割，促进优势互补和功能提升，从根本上解决企业和人口转得出、接得住、留得下的问题。

第二，提升北京城市副中心产业发展条件。为了吸引相关企业入驻，北京城市副中心应大力承接城六区优质公共服务资源迁入，北京市委市政府应研究论证将首都医科大学及其部分附属医院整建制迁入通州区，大力支持和推动市属重点中小学校到通州区设立分校区并实行一体化办学。北京市有关部门应加强研究制定人才、税收、土地等相关配套支持政策，吸引国家级文化机构、行业交易平台、金融服务机构等单位搬迁进驻，同时也要打造国际一流的营商环境，建设首都创新创业创造的特区。此外，北京市、天津市和河北省应积极争取中央支持，探索经济区与行政区适度分离改革，推动通州区与廊坊"北三县"，以及天津蓟州区、宝坻区地区融合发展，着力扩大北京城市副中心的向东拓展发展空间和辐射范围，在更大空间尺度推进通州区与廊坊"北三县"、天津蓟州区和宝坻区在城市规划与管理、基础设施建设、公共服务供给、产业发展等方面加强协调配合，建设京津冀协同发展的示范区。

第三，增强雄安新区发展的内生动力。从当前实际情况看，河北雄安新区产业基础薄弱，城市建设正处于推进之中，城市还不具备大规模聚业聚人的条件。但作为高质量发展的样板，雄安新区要建设面向未来的创新特区和开放高地，进而带动京津冀产业链创新链融合与区域开放发展。一方面，建设重大产业承接载体，吸收这些年国家自主创新示范区体制改革成果，采取超常规举措建设创新高地，引进中央科技机构设立科技成果孵化产业化平台，吸引国内外科技企业落

户。另一方面，建设对外开放承接载体，集成利用各类开放政策，打造高标准、国际一流的营商环境，开辟类海外的众创空间，举办全球创新博览会，吸引全球创新要素集聚发展。

二、积极探索产业升级转移模式创新

第一，实施产业升级转移的市场化运作。鉴于北京现有制造业继续向周边地区转移的规模比较有限，"十四五"期间，京津冀三地应发挥创新资源比较集中和工业基础较好的优势，吸引境内外资本推动区域产业整合，通过一批重点产业项目布局带动形成若干条跨地合作的产业链，进而为培育世界级产业集群发展创造基础条件。另外，支持中关村发展集团等平台型园区开发企业托管本区域内的产业园区，依托企业探索形成"多个产业园区、一个市场主体运作"的产业协作模式，让更多高成长创新企业能够在京津冀三地更大区域范围内配置发展空间，进而释放出强大的产业发展能量。

第二，探索重大项目的分诊式产业对接机制。京津冀三地应借鉴医疗机构分诊式的运作方式，建立重大项目布局协作平台，凡是各级地方政府引进的重大项目都要进入平台进行统筹布局，项目引进方和落地方根据协商的比例进行利益分成，确保产业项目落到合适的专业园区，也避免承担生态功能的地区盲目引进不符合环保条件的产业项目。

第三，建设承接首都创新成果转化的"科学工业综合体"。为了打造世界级产业集群，京津冀三地创新链要配合产业链实现相互衔接，构建开放的区域创新体系。而现实中，推动北京科技创新成果向津冀就近转移转化需要拓展与首都相当的发展空间。理论上，创新外溢效应具有显著的空间邻近性，但北京科技创新成果向津冀转移转化不够多。"十四五"时期，津冀吸引北京科技成果就近转化的切入点是吸引在京高校和科研机构共同设立一批"科学工业综合体"，打造与北京相当的创新生态，构筑适合高校和科研机构科技成果转化、创新创业的平台。同时，京津冀三地要把协同创新对接机制建立起来，促进科技创新成果跨地对接、异地转化变得更加顺畅有序。

三、进一步提升生态环境治理水平

第一，完善大气污染防治方式。根据当前经济形势，国家有关部门应支持京津冀地方政府采取经济补偿的方式引导一批经营状况欠佳、污染排放较大的工业企业关停退出，实现市场出清，减少污染源。同时，京津冀三地要以实施乡村振兴发展为契机，适时将京津冀大气污染防治的重点转向农村，采取政府补助引导、集体经营性资产出资和农户自己分担相结合的方式，针对不同类型村庄推进实施农户散煤取暖分类治理。此外，京津冀三地要积极探索大气污染损害的补偿机制，研究论证向大气污染排放主体征收排污费的实施方案，适时启动改革试点，建立大气污染的市场化调控机制，逐步减少污染物排放规模。

第二，加强生态环境治理和保护的区域统筹、城乡统筹、山海统筹和山区与平原区统筹。"十四五"时期，京津冀生态环境治理和保护需要更加注重区域整体性、系统性和协调性，尤其是要做好"四个统筹"：一是区域统筹，京津冀三地生态环境治理和保护要进行统一部署和推进，同时兼顾各方的利益和诉求；二是城乡统筹，京津冀生态环境治理的重心要向农村转移，重点解决农村采暖、污水排放、农业面源污染等问题；三是山海统筹，重点是对区域内的河流进行上下游整体治理，确保净水入淀入海；四是山区与平原区统筹，重点解决山区加强水源地、流域上游的生态保护与发展利益补偿的问题，以及深入推进山水林田湖草生态系统整体治理。

四、多措并举推动公共服务便利共享

第一，推进优质公共服务体系共投共建共享。短期内推动京津优质公共服务向河北省域较大范围内辐射是比较困难的，但"十四五"时期可以借助新一代互联网、人工智能、5G等新兴技术的力量，推动从"互联网+"向"智能+"转换升级，将优质公共服务的供需精准匹配起来。同时，采用政府购买服务与服务付费相结合方式，鼓励社会力量大力发展远程医疗、远程教育、远程就业培训等业态，进而填补京津冀三地公共服务发展水平存在的落差。在实践中，京津冀三地有必要从财政资金中划拨经费设立"区域优质公共服务专项基金"，重点支持

京津冀优质公共服务共建共享体系建设，鼓励科技企业探索商业化服务模式和资助社会力量实施一批公益性的服务项目。

第二，推进优质教育医疗资源深度合作。一方面，推进教育全方位合作。推动京津优质教育资源向河北辐射，通过联合办学、师资互派、学校托管、设立分校等形式提高河北省中小学校的办学水平。在廊坊、秦皇岛、保定等城市设立京津冀高校合作基地，承接京、津高校到河北设立分校区，扩大河北高层次专业人才招生规模。引导北京职业技术院校整体搬迁到河北或在河北设立教学实训基地，提高河北专业技术人才培养质量。另一方面，建设京津冀医疗合作"微中心"。从疏解首都人口出发，在毗邻北京的津、冀地区布局2~4个京津冀医疗合作的"微中心"，依靠北京优质的医疗资源，设立一批前台型、功能型、专业型、连锁型的医疗服务基地，让更多的外地患者不用进京看病，也能享受优质、高效、舒适的医疗服务。

五、务实深化体制机制改革创新

第一，全面深入推进重点领域政策、标准以及相关的体制机制梳理比对、全面对接和循序渐进改革。鉴于京津冀三地体制改革不同步、政策执行尺度不一致、各类标准不统一等问题，"十四五"时期，京津冀协同发展体制建设不能停留于松散形式对接或碎片化推进，应该对重点领域政策、标准以及相关体制机制进行梳理比对，加强区域协同发展体制创新的顶层设计，建立高标准的区域协同发展体制。此外，京津冀三地政府要全面对接，制订小步快跑、循序渐进的一体化方案，按照改革路线图和时间表落实有关的改革共识。

第二，加大京津冀区域协同发展的体制机制创新。中央有关部门和三地应针对当前协同发展的体制机制障碍，研究制订协同发展体制机制改革方案，破除教育、医疗卫生、养老、社会保障等领域区域合作的体制壁垒，推动三地涉及属地管理的政务服务互通互认，推动更多高频次的政务服务跨省市通办。三地应支持条件较好的省际交界区域设立区域协同发展体制创新试验区，支持这些试验区率先探索和积累经验，以备后续复制推广。

第三，建立长期相对稳定的区域治理机制。"十四五"时期，京津冀区域治理要有制度性的安排，加强对京津冀三地产业布局、环境污染防治、交通一体化、要素流动等领域统筹，继续降低行政分割形成的制度性交易成本。另外，京津冀三地要在中央统一领导和支持下探索建立有中国特色、运行高效、保障有力的区域治理制度性框架，克服传统行政体制的弊端，加强区域融合发展的组织保障。

第四章　京津冀协同发展指数评价分析

本章是在借鉴既有研究的基础上，根据《京津冀协同发展规划纲要》要求，从高质量发展出发，基于新发展理念构建京津冀协同发展指数评价指标体系，借此用于评价分析京津冀协同发展的阶段效果。

第一节　基本依据

为确保指数评价指标体系科学性、规范性和可操作性，本章从专业理论和中央关于京津冀协同发展的重要文件出发，概括了京津冀协同发展指数评价指标体系的理论依据和政策依据。

一、理论依据

本章根据区域经济学理论，从创新、协调、绿色、开放、共享五大理念视角出发，围绕《京津冀协同发展规划纲要》的重点任务和主要目标，构建了京津冀协同发展指数评价指标体系，将京津冀区域作为一个整体进行跟踪评价，分析京津冀协同发展总体进展，找出发展的优势和短板，提出相应的建议。

当然，构建京津冀协同发展指数评价指标体系既要建立在较强的理论基础之上，又要有相关的重要规划和政策文件作为支撑。空间一体化理论等区域经济学经典理论对现阶段及未来一段时间京津冀协同发展具有较强的理论指导意义（见表4-1）。

表4-1 京津冀协同发展指数构建的理论依据①

理论	理论观点	对京津冀协同发展的适用性
空间一体化理论	①前工业化阶段：空间离散形态（均质无序的空间结构）；②工业化初期阶段："单中心—外围"的集聚形态；③工业化中后期阶段：形成规模不等的多个"中心—外围"的扩散形态；④后工业化阶段：均衡的空间一体化阶段	京津冀三地正处于工业化不同阶段，空间组织结构将从中心—外围状态开始逐步转向空间一体化过渡
多中心空间发展理论	①巨型城市发展需要依赖多中心的空间结构，才能避免环境污染、交通拥堵等集聚不经济的现象；②在城市人口规模增长和通勤成本提高的情况下，多中心的空间均衡极有可能出现；③在多中心的空间结构中，核心与次级中心之间存在"互借效应"；④这种多中心的空间结构具有功能互补、协作发展的优势	北京作为超大城市，正饱受"大城市病"的困扰，亟须在更大空间尺度范围内建立一些承接非首都功能疏解的集中承载地，进而演化成为多中心的空间结构
威廉姆逊的倒"U"型理论	一个国家在发展的早期，倾向于非均衡增长，区域之间的差距较大；随着经济发展水平的提高，区域之间的差距较为稳定，达到最大值；随着经济发展水平的进一步提高，区域之间的差异将逐渐缩小	京津冀区域现阶段正好处于倒"U"型曲线的左侧。随着协同发展的推进，地区差距有望缩小
区域协调发展理论	区域发展不能以持续扩大地区差距为代价，而应该将地区差距缩小到一定程度，促进区间良性互动、区域合理分工和区域要素有序流动	京津冀协同发展的主要目标是缩小地区差距，加强区域联系，促进区域一体化进程，符合区域协调发展的方向
创新理论	创新是建立一种新的生产函数，把一种从来没有的关于生产要素和生产条件的新组合引进生产体系中去，以实现对生产要素或生产条件的新组合	创新发展是京津冀协同发展的重要动力，实现全面创新，特别是要从技术创新、制度创新和组织创新入手寻求"质量、效率和动力三大变革"取得重要突破
可持续发展理论	可持续发展理论是指既满足当代人的需要，又不对后代人满足其需要的能力构成危害的发展，以公平性、持续性、共同性为三大基本原则	《京津冀协同发展规划纲要》将生态环境保护作为三大率先突破的领域之一，而生态环境保护又是京津冀区域绿色发展的重点，是对传统发展道路的纠偏

二、政策依据

2014年以来，中央和地方出台了一系列京津冀协同发展的相关重要事件、

---

① 资料来源：《京津冀协同发展指数报告（2016）》。

政策和文件（见表4-2），这些为指数构建提供重要的参考。这些政策和规划有利于引导各级政府心往一处想、劲往一处使，是确保京津冀协同发展朝着正确方向迈进的重要遵循，同时又是对京津冀协同发展重点任务和重大改革举措的部署。这些规划和政策的出台也表明了党中央国务院对京津冀协同发展认识的不断深入，对重点任务进行循序渐进部署。为了深入贯彻京津冀协同发展战略有关部署，京津冀三地在产业、交通、公共服务、环境保护、立法、旅游、社会管理等方面签订了一系列合作协议，出台了相关规划和实施意见，加快推动三地协同发展。

表4-2　京津冀协同发展的相关重要事件、政策和文件（中央层面）

时间	文件/重要会议	内容
2014年2月26日	京津冀协同发展座谈会	习近平总书记就京津冀协同发展提出了7点要求。京津冀协同发展上升为国家战略
2014年8月2日	京津冀协同发展领导小组成立	顶层设计，统筹协调
2015年5月	京津冀协同发展规划纲要	有序疏解北京非首都功能，率先在京津冀交通一体化、生态环境保护、产业转移升级等方面取得突破
2015年10月12日	环渤海地区合作发展纲要	2030年京津冀区域一体化格局基本形成
2015年12月8日	京津冀协同发展交通一体化规划	构建"四纵四横一环"的主骨架，促进城市间互联互通
2015年12月30日	京津冀协同发展生态环境保护规划	划定京津冀空气质量红线，给出具体的浓度限值
2016年2月16日	"十三五"时期京津冀国民经济和社会发展规划	明确了"十三五"时期京津冀地区发展的总体思路、发展目标和主要任务
2016年3月17日	国家"十三五"规划纲要（简称）①	调整京津冀的经济结构和空间结构，探索密集经济区发展模式，建设以首都为核心的世界级城市群
2016年5月	京津冀协同发展土地利用总体规划（2015—2020）	着重推动北京非首都功能疏解，重点保障交通一体化、生态环境保护、产业转移升级等率先突破领域的土地需求
2016年6月	京津冀系统推进全面创新改革试验方案	以深化科技体制改革为动力，充分发挥北京全国科技创新中心的辐射带动作用，建立健全区域创新体系，推动形成京津冀协同创新共同体

---

①　全称为《中华人民共和国国民经济和社会发展第十三个五年规划纲要》，下文均使用简称。

续表

时间	文件/重要会议	内容
2016 年 6 月 29 日	京津冀产业转移指南	引导京津冀产业合理转移,优化产业布局,加快产业转型升级
2017 年 4 月 1 日	中共中央、国务院决定设立河北雄安新区	建设北京非首都功能疏解集中承载地,打造贯彻落实新发展理念的创新发展示范区
2017 年 10 月 18 日	党的十九大报告（简称）①	以疏解北京非首都功能为"牛鼻子"推动京津冀协同发展,高起点规划、高标准建设雄安新区
2018 年 4 月 21 日	河北雄安新区规划纲要	明确雄安新区发展定位、空间布局、重点产业,以及对城市风貌、自然生态环境、高效交通网等方面作了安排
2019 年 1 月	中共中央 国务院关于支持河北雄安新区全面深化改革和扩大开放的指导意见	进一步明确了雄安新区重点任务和改革举措,提出了相关的政策保障
2019 年 1 月 18 日	京津冀协同发展座谈会	习近平总书记充分肯定协同发展过去五年取得的成效,对下一步京津冀协同发展提出了 6 个方面的要求
2020 年 3 月	北京市通州区与河北省三河、大厂、香河三县市协同发展规划	通州与"北三县"地区在基础设施、城市建设、产业布局、公共服务配置、规划编制等方面加强协作,打破行政分割,深化协同发展
2021 年 10 月	生态环境部印发实施《2021—2022 年秋冬季大气污染综合治理攻坚方案》	在京津冀及周边地区"2+26"城市和汾渭平原城市基础上,增加河北北部、山西北部、山东东部和南部、河南南部部分城市,共计 20 个城市。包括坚决遏制"两高"项目盲目发展,落实钢铁行业去产能相关要求,积极稳妥实施散煤治理,深入开展锅炉和炉窑综合整治,扎实推进挥发性有机物治理突出问题排查整治,加快推进柴油货车污染治理,推进大宗货物"公转铁""公转水",强化秸秆禁烧管控,加强扬尘综合管控,有效应对重污染天气等十项措施
2022 年 1 月	工信部批复《京津冀工业互联网协同发展示范区》	围绕培育京津冀先进制造业产业集群的目标,在基础设施联通、科技创新攻关、融合应用提升、产业生态营造等方面开展先行先试

① 习近平总书记在中国共产党第十九次全国代表大会上的报告《决胜全面建成小康社会 夺取新时代中国特色社会主义伟大胜利》。

第二节　基本思路

京津冀协同发展作为中央确定的区域重大战略之一，已实施了九年多，产生了阶段性效果，需要进行客观、科学评价，以便于为下一步深入推动这项战略提供决策参考，同时也能够引导社会舆论，让社会更客观、全面、准确认识京津冀协同发展进展情况。

一、指导思想

以习近平新时代中国特色社会主义思想为指导，按照习近平总书记关于京津冀协同发展的重要讲话和重要指示精神要求，从新发展理念的视角和从高质量发展出发，以《京津冀协同发展规划纲要》等重要规划和文件为基本遵循，设计一个科学、合理、可行的京津冀协同发展阶段效果跟踪评价体系，目的在于更加全面反映京津冀协同发展的成效，深入揭示北京非首都功能疏解的进展，客观展现京津冀高质量发展的基本情况。

二、基本原则

第一，坚持目标导向的原则。按照对标对表的要求，以《京津冀协同发展规划纲要》确定的主要目标为基准，同时针对京津冀协同发展现阶段重点任务和高质量发展的重点，选用合适的标志性指标，作为反映任务进展和突出问题要害之处的"风向标"，对京津冀协同发展的阶段效果进行监测评价。

第二，坚持前瞻性的原则。评价体系设计既能体现京津冀协同发展的基本方向和政策实施效果，又能及时发现一些苗头性、趋势性的问题，以及区域发展主要矛盾的变化等，有利于及时对当前政策实施的阶段效果进行有效反馈，并为各级政府下一步调整相关政策提供参考依据。

第三，坚持可操作性的原则。准确把握统计指标的内涵和数据可靠性，充分考虑指标背后的真实意涵和数据采集的难易，注重代表性和可得性相结合，选择实用可行的测算方法进行数据处理和指数合成,确保指数结果比较准确反映京津冀协同发展的真实情况。

第四,坚持整体监测与重点领域监测相结合的原则。本书既考虑到京津冀区域整体,又考虑到京津冀三地协同发展重点领域,采用"1+5"的结构安排设计评价指标体系,既突出区域整体高质量发展,又显示京津冀三地协同发展。"1"是指高点发展,强调京津冀区域整体的高质量发展,进而发展成为世界级城市群;"5"是指新发展理念引领下京津冀协同发展在创新、协调、绿色、开放和共享五个方面的体现。

三、构建思路

京津冀协同发展是党中央国务院对新的历史条件下区域发展战略的重大部署,是客观认识我国区域经济发展规律的一次伟大实践,是更好地发挥各级政府作用和尊重市场配置资源的决定性作用相结合的有益探索。京津冀协同发展是区域一体化发展的初始阶段,同时也是区域高质量发展的实现途径,在起步阶段需要中央政府大力协调和各级地方政府的高效配合,这样才能克服地方利益的束缚和破除地方分割的体制障碍,也才能向市场释放正确的信号和形成更有效的调节机制,促进要素自由顺畅流动。为了更加全面反映习近平总书记对京津冀协同发展的系列重要讲话精神和重要指示批示,更加客观评估京津冀协同发展的进展,本书构建的评价指标体系是基于以下两个方面进行考虑和设计的:

一方面,从区域协同发展的历史使命出发,评价指标体系按照新发展理念的框架,紧扣《京津冀协同发展规划纲要》以及中央关于京津冀协同发展的重要论述,选择合适的指标对北京非首都功能疏解、产业转移协作、交通一体化、生态环境保护、基本公共服务均等化、协同创新等方面进行科学、客观、全面的评价,从中揭示京津冀三地协同发展进展情况,体现了京津冀三地的协同过程、协同能力和协同效果。另一方面,从高质量发展出发,评价指标体系将京津冀视为一个密不可分、优势互补的区域整体,紧紧围绕建设世界级城市群的发展目标,在选择指标时既考虑了新发展理念的五个方面,又考虑了区域发展总体水平、创新能力和国际竞争优势。

第三节　指标体系设计

如上文所述，评价指标体系设计遵循以下两条逻辑主线：一是在新发展理念指引下实现高质量发展，在区域协同发展中追求京津冀高质量发展；二是聚焦协同发展使命，紧紧抓住北京非首都功能疏解这个"牛鼻子"，精准跟踪协同效果，考察协同能力。该指标体系的构建主要包括设计指标体系、确定指标权重和选择测算方法三个环节。在指标体系设计过程中，本章坚持以高质量发展为重要抓手，结合五大发展理念，构建了高点、创新、协调、绿色、开放、共享六个方面的"1+5"评价指标体系，进而合成一个能够比较全面反映京津冀协同发展的本质内涵和进展成效的综合指数。

在京津冀协同发展指数的评价指标体系构建中，本书按照理念层、目标层和指标层"三合一"的体系架构，通过高质量发展和五大发展理念进行构思，分别构建高点发展、创新发展、协调发展、绿色发展、开放发展和共享发展6个一级指标。每个一级指标分别下设相应的二级指标，每个二级指标对应若干个三级指标，共计52个三级指标。其中，三级指标基于"协同发展"考虑筛选，权重经专家讨论后确定（见表4-3）。

表4-3　京津冀协同发展指数评价指标体系

理念层	目标层	指标层	权重
高点发展	发展质量	全员劳动生产率＝GDP/年末从业人员（万元/人）	0.03
		产业集聚效率＝第二、三产业增加值/建成区面积（万元/平方千米）	0.03
	全球竞争力	全球经济影响力＝地区GDP/全球GDP（‰）	0.03
		发展相对水平＝地区人均GDP/OECD国家人均GDP（%）	0.02
		全球创新竞争优势＝地区PCT专利受理数/全球PCT专利受理数（%）	0.02

续表

理念层	目标层	指标层	权重
创新发展	科技创新	创新投入水平=R&D经费内部支出/GDP（%）	0.02
		创新产出水平=专利授权量/年末常住总人口总数（件/万人）	0.02
	协同创新	技术转移转化=北京对津冀的技术交易额/北京面向京外技术交易总额（%）	0.02
		科技协同攻关=京津冀三地合作获得国家科学技术进步奖项目总数/区域获得国家科学技术进步奖项目总数（%）	0.02
	创业创新	工业企业创新=规模以上企业新产品销售收入/规模以上工业主营业务收入（%）	0.02
		创新活力=京津冀三地新设立企业总数（家）	0.02
	体制创新	协同体制机制创新=京津冀三地推进协同体制改革方案总数（个）	0.01
		政府落实情况=京津冀三地政府工作报告中有关协同发展词频总数（个）	0.01
协调发展	地区差距缩小	地区发展水平差距=城市人均GDP的变异系数	0.02
		地区居民收入差距=京津冀三地居民收入水平的变异系数	0.02
		基本公共服务均等化水平=京津冀三地人均民生类公共财政预算支出的变异系数	0.02
	城乡发展	城乡居民收入差距=城镇居民可支配收入/农村居民可支配收入（%）	0.02
		人口城镇化率=城镇人口/常住人口总数（%）	0.02
		城镇人口前五位城市的集中度=（P1+P2+P3+P4+P5）/常住人口总数（%）	0.01
	产业协作	地区产业分工水平=制造业结构差异化系数①	0.01
		地区间相互投资=京津冀三地相互投资新设立企业数（亿元）	0.02
	非首都功能疏解	北京人口管控=北京城六区人口减少规模（万人）	0.03
		疏解专业市场和物流中心=疏解和提升市场和物流中心数（家）	0.03
		京企入津冀数=北京到天津、河北投资的新设立企业数（家）	0.03
		北京制造业疏解=退出一般制造业企业数（家）	0.03
		城市整治提升=当年拆除违法建筑面积（万平方米）	0.03

---

① 选取京津冀三地食品制造业，化学原料及化学制品制造业，医药制造业，黑色金属冶炼及压延加工业，金属制品业，交通运输设备制造业，通信设备、计算机及其他电子设备制造业七大行业数据测算克鲁格曼指数，并以京津为参照系。

续表

理念层	目标层	指标层	权重
绿色发展	污染治理	空气质量＝京津冀地区主要城市 PM2.5 平均浓度（毫克/立方米）	0.02
		环境污染治理投资＝环境污染治理投资总额/GDP（％）	0.02
	协同治理	大气污染协同治理＝省际交界城市 PM2.5 差异的综合值（毫克/立方米）①	0.02
		流域污染协同治理＝跨省河流省际断面水质差异的综合值	0.02
	资源保障	人均水资源占有量＝水资源总量/年末常住人口总数（立方米/人）	0.02
	节能减排	能源强度＝能源消费量/GDP（吨标准煤/万元）	0.02
	生态建设	森林覆盖率（％）	0.02
开放发展	交通一体化	高速公路路网密度＝高速公路里程/行政区划面积（千米/平方千米）	0.02
		铁路路网密度＝铁路（含城市轨道交通）营业里程/行政区划面积（千米/平方千米）	0.02
	市场一体化	要素市场一体化＝京津冀三地全员劳动生产率的变异系数	0.02
	对外开放	对外贸易水平＝面向主要发达经济体进出口额占京津冀三地进出口总额的比重②（％）	0.02
		实际利用外资＝京津冀实际利用外资规模占全国的比重（％）	0.02
		对外直接投资＝京津冀对外直接投资额（亿美元）	0.02
共享发展	机会公平	教育机会差距＝京津冀三地高校在校生数占省市人口比重的变异系数	0.02
		就业机会差距＝京津冀三地新增就业人数与省市劳动年龄人口的比值的变异系数	0.02
	脱贫攻坚	贫困发生率＝农村贫困人口占农村人口比重（％）	0.04
	社会服务	社会保障就业＝人均社会保障就业类公共预算支出（元/人）	0.01
		文化体育投入＝人均文化类体育传媒公共预算支出（元/人）	0.01
		公共安全投入＝人均公共安全类公共预算支出（元/人）	0.01
	生活舒适度	信息服务水平＝京津冀地区单位面积光纤长度（千米/平方千米）	0.01
		公共交通发展＝京津冀地区每万人拥有公共交通车辆（辆/万人）	0.01
		休闲便利水平＝京津冀地区人均公园绿地面积（公顷/万人）	0.01
	教育水平	教育投入＝生均教育经费支出（万元/人）	0.01
		教育质量＝中小学教师数/在校生数（％）	0.01
	卫生医疗	卫生服务水平＝卫生机构人员数/常住人口总数（％）	0.01
		养老服务水平＝养老床位数/老年人口（张/万人）	0.01

① 2013 年之前为 PM10 浓度数据，2013 年及之后为 PM2.5 浓度数据。

② 本书根据京津冀三地对外贸易情况，选择了美国、日本、德国、英国、法国、韩国和意大利 7 个国家作为主要发达经济体。

第四节 测算方法与数据来源

一、测算方法

京津冀协同发展指数评价指标体系是以 2010 年京津冀三地的指标值为基数，通过时序变化观察高点、创新、协调、绿色、开放和共享六个方面发展的指标值和综合指标值的变动趋势。

（一）权重确定

在新时代的背景下，中国经济从中高速增长转向高质量发展，京津冀协同发展进入了攻坚克难的关键阶段。为了体现这一时代新趋势和协同发展新阶段，本章按照高质量发展和新发展理念要求，结合目标层不同指标内涵和实际情况，经专家反复论证，对高点发展、创新发展、协调发展、绿色发展、开放发展和共享发展赋予不同权重，突出区域发展的协同性目标。将经过标准化后的三级指标值加总得到二级指标值，进而得到 6 个一级发展指数和最终的综合指数。

对于指标体系中的（人均）GDP、居民收入差距、人均公共财政预算支出等指标，利用各地 GDP 指数（以 2010 年为基期）对各年份的 GDP 进行不变价处理，同时利用居民消费价格指数对其他经济指标进行平减。在加总京津冀三地数据时，除考虑剔除物价因素影响之外，还根据不同指标性质（经济指标、社会指标和自然资源指标），分别利用各地 GDP、人口或国土面积占比作为权重进行调整，从而加总求得京津冀区域的总和指标值。

（二）标准化处理

首先，由于各项指标的计量单位并不统一，为了保证计算综合指标前各个指标层的可加性，需要对各个指标值进行标准化去量纲处理，本章采用极值标准化方法对原始数据进行线性变换，使结果映射到 [0，1] 区间，即把指标的绝对值转化为相对值。其次，京津冀协同发展指数的评价指标主要是看整个区域的纵向变化趋势，因此需要考虑到部分受价格因素影响的指标，本章以研究起始年份（2010 年）为基期，对有关经济指标进行可比价处理。最后，考虑到正向和负向指标代表的含义不同，需要对指标进行数据标准化处理。具体指标标准化处理方法如下：

正向指标标准化处理：

$$y_{it} = \frac{x_{it} - x_{\min}}{x_{\max} - x_{\min}} \qquad (4-1)$$

负向指标标准化处理：

$$y_{it} = \frac{x_{\max} - x_{it}}{x_{\max} - x_{\min}} \qquad (4-2)$$

式（4-1）、式（4-2）中，x_{it} 为京津冀三地某项指标的测算值，部分受价格因素影响的指标以 2010 年为基期做不变价处理，$x_{\max}$ 和 $x_{\min}$ 分别表示京津冀三地某项指标在各年份中出现的最大值和最小值，y_{it} 为最终标准化后的指标值，$i=1$，2，3，分别代表北京、天津和河北，年份 $t=2010$，…，2020。

（三）指数合成

本书采用指数加权法进行综合评价得出各级指标的指数值，y_{it} 为最终标准化处理后的指标值，w_i 为第 i 个分指标的权重值，二者相乘得到一个分指标的分值；分别计算出各项指标的分值后再进行加总，进而得到各级指标的综合指数 S。

$$S = \sum y_{it} \times w_i \qquad (4-3)$$

二、数据来源

本书指数测算所使用数据均为国家和京津冀三地统计局或职能部门公开发布的权威数据，数据涵盖 2010~2020 年。主要数据来源包括历年《中国统计年鉴》《中国科技统计年鉴》《中国环境统计年鉴》《中国劳动统计年鉴》《中国教育统计年鉴》《北京统计年鉴》《天津统计年鉴》《河北经济年鉴》，以及京津冀三地国民经济和社会发展统计公报和政府工作报告、世界银行数据库、OECD 数据库，以及国家统计局、科技部、民政部、商务部、生态环境部中国环境监测总站等官方发布的统计公报及其他相关数据（见表4-4）。

在具体使用过程中，根据计算需要对数据进行平减、加权；另外，在个别指标缺失部分年份数据的情况下，根据年平均增长率或相邻年份指标的平均值补齐（具体方法依数据变化规律而定）。

表4-4　数据来源一览

数据来源	《中国统计年鉴》《中国科技统计年鉴》
	《北京统计年鉴》《天津统计年鉴》《河北经济年鉴》（现更名为《河北统计年鉴》）
	京津冀三地国民经济和社会发展统计公报
	京津冀三地政府工作报告
	京津冀三地生态环境状况公报
	《中国劳动统计年鉴》《中国教育统计年鉴》
	《中国环境统计年鉴》、中国环境监测总站监测数据
	世界银行数据库、OECD数据库
	国家知识产权局专利业务工作及综合管理统计月报
	中国对外直接投资统计公报
	中国农村贫困监测报告

第五节　指数结果分析

上文已介绍了京津冀协同发展指数评价指标体系及其构建的思路、测算方法等，下文将报告2010~2020年京津冀协同发展指数的测算结果，并对其变化的特征和影响因素进行深入分析。

一、京津冀协同发展指数总体趋势

京津冀协同发展指数总体呈现平稳上升的态势，年均增速25.57%（见图4-1）。这表明随着京津冀协同发展战略的深入实施，京津冀协同发展水平稳步提高。2020年京津冀协同发展指数的指数值为0.78，较2014年增长了

105.26%。从6个一级指数来看，推动京津冀协同发展指数平稳上升的力量主要是这六个方面力量在不同时期共同发力的结果，相较之下，协调发展作用力量最强（见图4-2）。

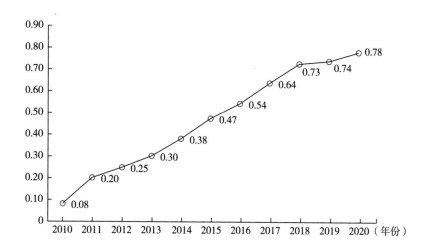

图4-1　京津冀协同发展指数变化趋势

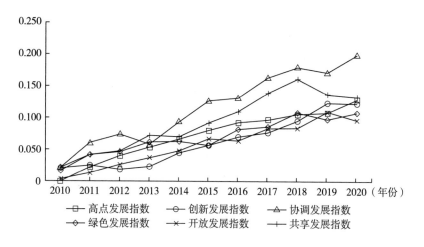

图4-2　京津冀协同发展六大指数的比较

二、京津冀高点发展指数

2010 年以来，京津冀高点发展指数表现出明显上升的趋势，虽然 2016~2019 年指数值的增速有所放缓，但 2019 年增速加快（见图 4-3）。这表明京津冀区域高质量发展水平持续向好，国际竞争优势不断增强。进一步分析发现，全员劳动生产率和全球创新竞争优势得到较大的提升，产业集聚效率和全球发展相对水平也得到一定提高，共同推动了京津冀高点发展指数的上升。

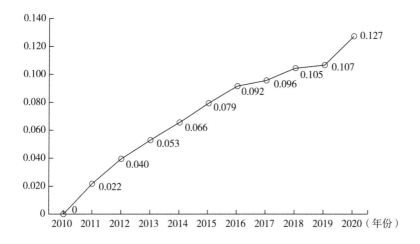

图 4-3　京津冀高点发展指数变化趋势

第一，京津冀地区经济效率平稳升高。如图 4-4 所示，京津冀地区单位从业人员产出（全员劳动生产率）和单位建成区面积二三产业增加值（产业集聚效率）均呈持续上升态势，2020 年分别比 2019 年提高了 58.51 个和 16.77 个百分点，这表明了京津冀区域全员劳动生产率和产业集聚效率提高为经济高质量发展奠定了重要的基础，其中全员劳动生产率显著提高，对高点发展指数的上涨贡献较大。

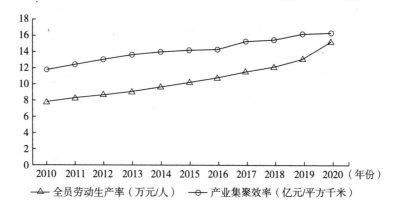

图 4-4　京津冀全员劳动生产率和产业集聚效率变化趋势

数据来源：历年《中国统计年鉴》《中国科技统计年鉴》、世界银行统计数据库（http：//data.world-bank.org.cn）和 OECD 统计数据库（http：//stats.oecd.org）。

第二，京津冀的创新能力日益突出。如图 4-5 所示，京津冀地区 PCT 专利受理数占全球比重作为反映地区创新国际竞争优势的指标，在 2017 年出现一定程度下降后，到 2018 年又有所回升，2020 年已达到 3.20%，处于历史最好的水平，这表明京津冀的全球创新竞争优势显现，越来越多的机构和企业更加重视专利的全球布局。

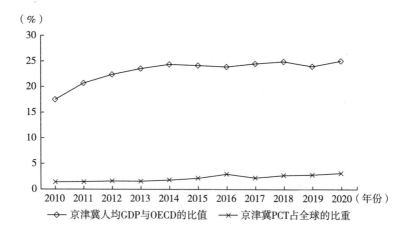

图 4-5　京津冀全球发展相对水平与创新竞争优势变化趋势

数据来源：历年《中国统计年鉴》《中国科技统计年鉴》、世界银行统计数据库（http：//data.world-bank.org.cn）和 OECD 统计数据库（http：//stats.oecd.org）。

第三，京津冀地区有望提前跨过"中等收入陷阱"。地区人均 GDP 与 OECD 国家之比作为反映京津冀发展水平的指标，是率先实现现代化先导性指标，在 2016 年略有下降后开始出现缓慢上升的势头（见图 4-5），2020 年已达到 25.11%，比 2014 年提高 0.74 个百分点，表明京津冀地区发展水平与发达国家相对差距进一步缩小。

三、京津冀创新发展协同指数

京津冀创新发展协同指数 2010～2012 年经历了短暂的下降状态，2012 年到达最低点后迅速反弹回升，随后一直保持增长的态势，2020 年京津冀创新发展协同指数为 0.121（见图 4-6）。2014～2020 年京津冀创新发展协同指数年均增速达到 18.36%，这表明京津冀区域创新投入持续增加，协同创新取得较大进步，体制改革带动了制度创新的步伐，地方政府高度重视推动京津冀协同发展的体制机制改革。经过分析评价，京津冀创新发展协同指数的上升是来自创新投入与产出、区域协同创新、科技协同攻关、工业企业创新、创新活力与协同体制机制创新等多方面因素的共同贡献。

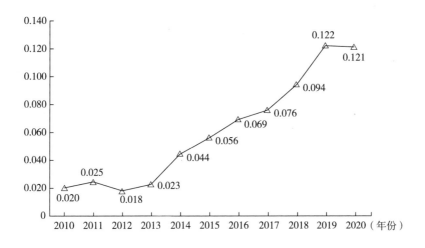

图 4-6　京津冀创新发展协同指数的变化趋势

第一，京津冀区域创新投入强度和创新产出水平都呈现明显上升趋势。如

图 4-7 所示，R&D 经费内部支出占 GDP 比重作为反映京津冀区域创新投入强度
指标，除 2017 年略有下降之外，其他年份都保持上升的势头，2020 年达到
3.91%，比 2014 年提高了 0.86 个百分点。而万人专利授权量作为反映区域创新
产出水平的指标，则表现出持续上升的态势，2020 年达到 15.18 件/万人，比
2014 年增长了 38.51%，这表明京津冀区域创新产出水平明显提高。但要说明的
是，随着第七次全国人口普查数据公布，2020 年人口规模较其他年份有较大的
调整，所以，2020 年万人专利授权量较 2019 年出现了明显下降。

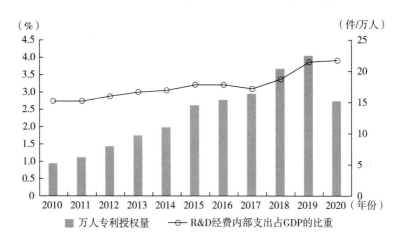

图 4-7　京津冀创新投入和产出的变化趋势

数据来源：历年《中国统计年鉴》。

　　第二，2014 年以来，京津冀三地协同创新取得进步。京津冀三地合作获得
国家级科技进步奖数占比作为衡量科研机构、高校协同攻关的指标，具有波动式
上升的特点（见图 4-8）。这说明了京津冀三地产学研协同攻关更加深入、更加
广泛。另外，北京对津冀的技术交易额占北京面向京外技术交易总额的比重
2010～2013 年出现了陡坡式下降的现象，并成为拉低京津冀创新发展协同指数的
力量。2014 年，随着京津冀协同发展战略的提出，北京向津冀技术交易规模出
现止跌回升之势，京津冀三地科技管理部门更加重视推动协同创新工作，并将技
术交易作为一项重要的工作来抓，使北京地区高校、科研机构和科技企业对津冀
技术交易明显增多。2020 年北京输入津冀技术交易额占北京输入省外的比重为
9.33%，比 2014 年提高 4.5 个百分点。

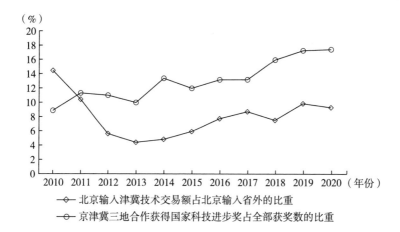

图4-8 京津冀协同创新的变化趋势

数据来源：《中国科技统计年鉴2018》和国家科学技术奖励工作办公室。

第三，企业创新创业活力得到释放。如图4-9所示，在产品创新方面，企业新产品销售收入占规模以上工业企业主营业务收入比重表现出波动上升的趋势，2020年达到18.19%，比2014年提高了13.97个百分点。在大众创业方面，京津冀地区新成立企业数在2014年以后保持平稳增长态势，2020年较2019年增长了19.74%。并且，随着京津冀营商环境持续改善，地区创新创业活力进一步被激发出来。

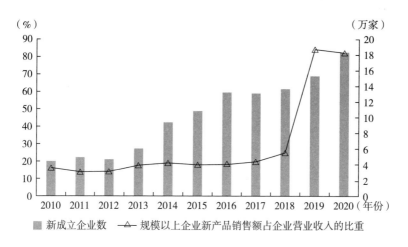

图4-9 京津冀地区新成立企业数变化趋势

数据来源：《中国基本单位统计年鉴2019》。

第四，体制机制创新得到地方政府高度重视。如图4-10所示，从地方政府落实协同发展的情况看，京津冀三地省（市）政府工作报告中关于京津冀协同发展的相关词频数在2012年下降至最低点，但2014年后就明显上升，2016年有所回落并日趋平稳，2019年在习近平总书记再次召开京津冀协同发展座谈会之后又出现第二次大幅上升，这表明近年来京津冀三地政府把京津冀协同发展战略作为重要工作紧抓不懈。另外，在体制机制创新方面，本章使用了京津冀三地推进协同体制改革方案数作为反映这方面的量化指标，结果发现，2014年以来，京津冀三地政府推进京津冀协同发展的体制机制创新力度更大、范围更广。

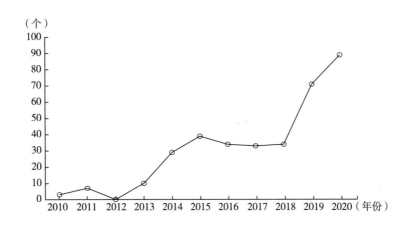

图4-10 京津冀三地政府工作报告关于京津冀协同发展的词频数

数据来源：历年北京市、天津市和河北省政府工作报告。

四、京津冀协调发展协同指数

2010年以来，京津冀协调发展协同指数在波动中上升。2020年指数值为0.197，较2014年提高了0.104（见图4-11）。指数值变化趋势说明了京津冀协同发展战略有效缩小了地区间居民收入差距。从具体指标的变化来看，有所改善的指标包括地区居民收入差距、基本公共服务均等化水平、城镇化水平、人口集中度、产业分工协作、非首都功能疏解方面，而地区发展水平差距和城乡居民收入差距仍然较大。

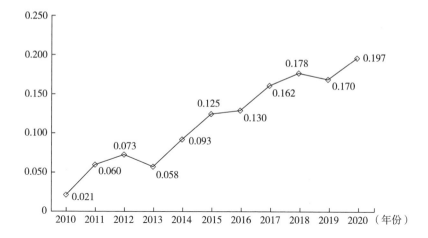

图 4-11　京津冀协调发展协同指数的变化趋势

第一，北京非首都功能疏解取得突破。在人口管控方面，如上文所述，2016年以来，北京市城六区人口规模持续下降（见图 4-12），2020 年人口规模为 1098.5万人，比 2014 年下降了 13.93%，2014~2020 年累计净减少了 177.8 万人，年均下降 2.5 个百分点左右，初步达到《京津冀协同发展规划纲要》既定 2014~2020 年每年降低 2~3 个百分点的目标，这表明了北京市城六区人口管控效果显现。在"疏解整治促提升"方面，2010 年以来特别是京津冀协同发展战略实施以来北京市拆除违法建设的力度很大，2018 年拆除违法建设面积比上年增加了 14.09%，2019~2020 年有所下降，2014~2020 年累计拆除违法建设面积达到 30750 万平方米；北京市专业市场、物流中心和制造业对外疏解虽然呈年际波动变化，但 2014~2020 年累计规模分别为 1000 家左右和 3000 家，效果还是比较明显的。2014~2020 年京企入津冀新设立企业数都呈现较快增长的趋势。事实表明，北京市"疏解整治促提升"专项行动取得了较大的突破，第八章将进一步深入分析评估。

第二，京津冀三地居民收入差距和基本公共服务差距有所缩小，但地区发展差距扩大趋势尚未得到有效遏制。如图 4-13 所示，2020 年，京津冀三地居民收入水平和人均民生类公共服务支出变异系数比 2014 年分别下降了 0.01 和 0.09，表明京津冀三地居民收入差距和基本公共服务投入差距都有所缩小，成为推动京津冀协调发展协同指数上升的积极力量。然而，京津冀三地地区差距仍未显现出

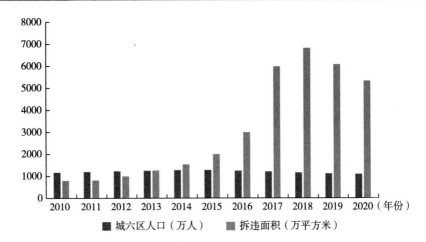

图 4-12 北京市城六区人口和拆除违建的情况

数据来源：《北京统计年鉴 2019》和历年的北京市政府工作报告。

明显的缩小趋势。2020 年，京津冀地级及以上城市人均 GDP 变异系数值为 0.62，比 2014 年高 0.058，这表明了即使京津冀协同发展战略实施已有八年，但京津冀地区发展差距仍然较大，遏制区域差距扩大趋势比较困难。

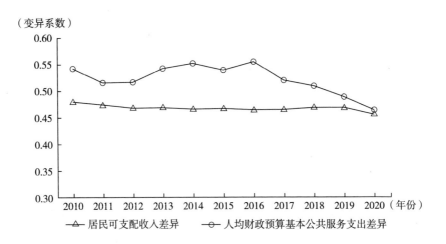

图 4-13 京津冀地区居民收入差距和基本公共服务均等化的变化

数据来源：历年《中国统计年鉴》《北京统计年鉴》《天津统计年鉴》和《河北统计年鉴》。

第三，京津冀城市群均衡发展优势有所增强，但城乡差距仍然明显。随着河北省城镇化水平快速上升，京津冀区域整体的城镇化率平稳上升，2020年达到68.61%，比2014年提高了7.6个百分点（见图4-14）。同时，人口向大城市集中的趋势有所弱化，城镇人口排名前五位城市的人口集中度经历小幅上升后开始趋于缓慢下降，2020年达到了59.61%（见图4-14）。随着人口城镇化水平的提高，京津冀区域出现城乡居民收入差距的缩小。2020年京津冀区域城乡居民收入之比为2.68：1，虽比2014年略有下降，但比全国平均水平（2.5：1）高。

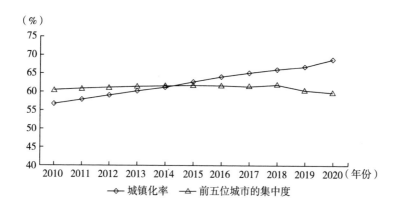

图4-14　京津冀城镇化水平和城市人口集中度的变化

数据来源：历年《中国统计年鉴》《北京统计年鉴》《天津统计年鉴》和《河北统计年鉴》。

第四，京津冀三地产业间分工近年来有所改善，相互投资比较活跃。在京津冀三地制造业分工方面，2010~2013年产业间分工水平处于小幅波动，但没有改善迹象；2014~2020年产业间分工水平趋于上升（见图4-15）。同样，在协同发展战略的带动下，2014~2020年，京津冀三地相互投资企业数增长较快。2020年，京津冀三地相互投资企业数比2014年增加了4254家。

五、京津冀绿色发展协同指数

2010年以来，京津冀绿色发展协同指数在波折中上升，特别是2015年以来指数值增长较快，2020年指数值为0.107，比2014年增加0.045（见图4-16）。京津冀生态环境保护取得了亮眼"成绩单"，许多居民感受到了天更蓝、山更绿、水更清。京津冀绿色发展协同指数上升主要得益于空气质量、大气污染协同治理、节能减排、生态建设等多个方面取得的进步。

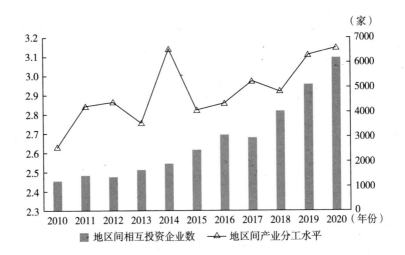

图4-15 京津冀地区间相互投资企业数和地区间产业分工水平的变化

数据来源：历年《中国统计年鉴》《北京统计年鉴》《天津统计年鉴》和《河北统计年鉴》。

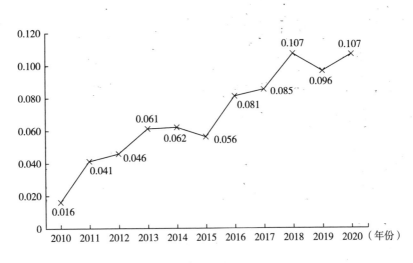

图4-16 京津冀绿色发展协同指数的变化趋势

第一，环境污染治理效果明显显现。在大气污染治理方面，2010年以来，京津冀地区主要城市PM2.5平均浓度呈现持续下降的趋势，2020年为48微克/立方米，比 2014 年大幅降低（见图 4-17）。在协同治理方面，京津冀三地省际交界城市 PM2.5 差异也呈逐年下降的趋势，2020 年下降至 66 微克/立方米，比 2014 年下降了 58.34%；京津冀三地跨省河流的断面水质差异有所下降，海河流域省界断面 I ~ III 类水质占比 52.1%，高于 2014 年 13 个百分点以上。无论是数据还是事实都表明京津冀三地各级政府协同治理污染的效果比较明显。

图 4-17　京津冀空气质量和大气污染协同治理的变化趋势

数据来源：历年京津冀三地生态环境公报和政府工作报告。

第二，京津冀地区节能减排成效较好，生态建设扎实有进。本章使用能源强度衡量节能减排效果的指标，测算结果显示 2010 年以来京津冀区域能源强度呈明显下降趋势（见图 4-18），2020 年为 0.242 万吨标准煤/亿元，比 2014 年下降 17.87%。在产业结构调整升级过程中，京津冀区域节能减排力度较大，效果较好。在生态建设方面，2010 ~ 2020 年京津冀区域森林覆盖率缓慢上升（见图 4-18），2020 年森林覆盖率达到 27.29%，其中，北京市森林覆盖率提高最快，由 2014 年的 35.8% 上升至 2020 年的 43.8%。

六、京津冀开放发展协同指数

2010 ~ 2018 年，京津冀开放发展协同指数呈现相对平缓的上升趋势，2020 年指数值为 0.095，比 2014 年增加了 0.048（见图 4-19）。与其他领域相比，京津冀开放发展水平上升幅度较小，对内开放进步好于对外开放，对外开放步伐明显放缓。这种现象与现实的观察基本吻合。

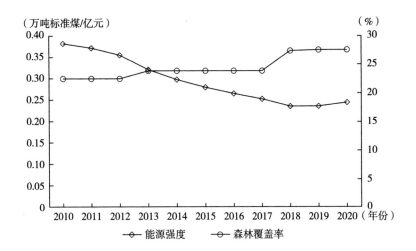

图 4-18　京津冀节能减排和生态建设的基本情况

数据来源：历年《中国统计年鉴》和《中国环境统计年鉴》。

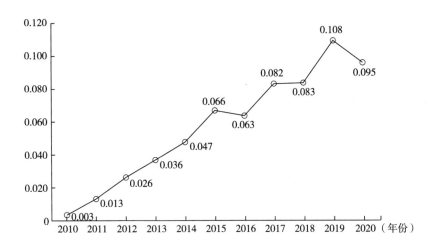

图 4-19　京津冀开放发展协同指数的变化趋势

　　第一，京津冀区域交通一体化水平较大提升。如图 4-20 所示，在高速公路方面，2020 年高速公路路网密度为 0.048 千米/平方千米，比 2014 年增长了

29.10%。在铁路方面，2020年铁路（含城市轨道交通）营业里程的路网密度为0.053千米/平方千米，比2014年增长了24.29%。今后随着更多条高速和区域多层次轨道交通体系建成，京津冀高速公路通车里程和铁路营运里程将会出现一次较大的跃升。

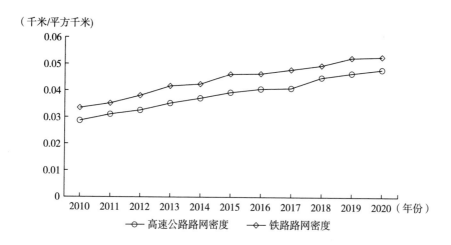

图 4-20　京津冀交通一体化的变化趋势

数据来源：历年《中国统计年鉴》。

第二，对外开放出现"双向"发力的态势。在对外贸易方面，京津冀地区面向主要发达国家进出口额占比出现倒"S"型的变化趋势，近年来受国际贸易保护主义等因素冲击较大，2016~2018年出现连续两年下降，2019~2020年触底回升，2020年该占比为51.04%，比2014年提高了20.58个百分点。在利用外资方面，京津冀地区实际利用外资占全国比重经历了先上升后缓慢下降的过程，2020年为27.94%，但低于2014年的水平。如图4-21所示，在对外直接投资方面，受"一带一路"、国际产能合作等利好政策的影响，京津冀地区对外直接投资在2016年以后出现了一次较大幅度的上升，然后出现明显回落，2018年对外直接投资额超过128.07亿美元①，比2019年增长了9.49%。

---

①　此值为未剔除价格因素的现值。

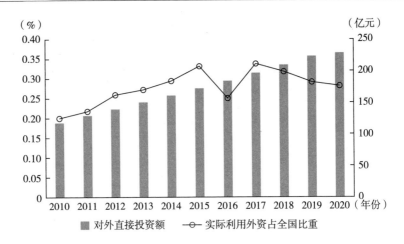

图4-21 京津冀利用外资质量和对外直接投资的情况

数据来源:《中国统计年鉴2019》和《2018年度中国对外直接投资统计公报》。

第三,要素市场一体化总体呈现积极向好的变化。京津冀三地间的劳动生产率标准差作为反映要素市场一体化的指标,2010~2019年出现明显下降的趋势,2020年受人口因素影响而急速上升,但总的趋势是地区间劳动生产率更趋于一致(见图4-22)。随着人口流动更加充分,京津冀三地要素市场一体化水平也将逐步提高。

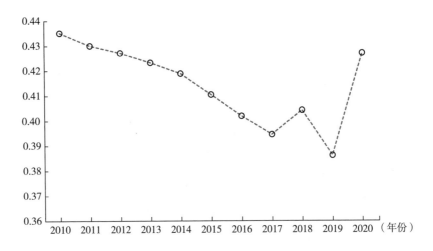

图4-22 京津冀要素市场一体化的变化趋势

数据来源:历年《中国统计年鉴》《北京统计年鉴》《天津统计年鉴》和《河北统计年鉴》。

七、京津冀共享发展协同指数

2010 年以来，京津冀共享发展协同指数呈现平稳上升的趋势。2020 年京津冀地区共享发展协同指数值达到 0.131，比 2014 年高 0.062，但比 2018 年有所下降，主要是公共服务获取的机会、人均公共服务资源配置等方面指标有所恶化引起的（见图 4-23）。教育机会、脱贫攻坚、社会服务、生活舒适度、教育与卫生医疗水平等各方面取得进步，有力推动了京津冀共享发展协同指数明显上升。

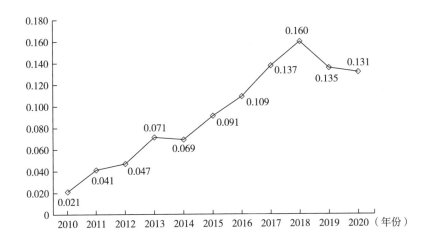

图 4-23 京津冀共享发展协同指数的变化趋势

第一，京津冀三地教育和就业机会公平有所缩小，脱贫攻坚战取得胜利。在教育机会方面，2010 年以来，京津冀三地在校大学生数占当地人口比重的变异系数呈现下降的趋势，2018~2020 年又有所上升，侧面说明了京津冀三地适龄学生接受高等教育机会差距有所缩小，教育发展将趋于公平。在就业机会方面，京津冀三地从业人员数占劳动年龄人口比重的变异系数表现为先上升后下降再上升的趋势（见图 4-24），下一步应关注就业机会是否继续恶化。在各级政府深入实施脱贫攻坚下，京津冀地区贫困发生率 2010 年以来出现了持续下降的趋势，2020 年在现行标准下实现全面脱贫，表明京津冀区域脱贫攻坚取得了历史性胜利，2020 年河北省燕山—太行集中连片特困地区和黑龙港贫困地区与全国其他地区一起实现同步建成小康社会。

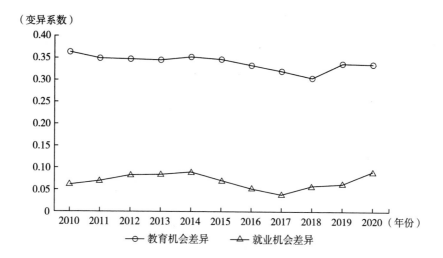

图4-24　京津冀教育机会差异、就业机会差异的变化

数据来源：历年《中国统计年鉴》。

第二，公共服务投入保持持续增长势头。在社会服务方面，社会保障就业、文化体育和公共安全投入持续加大。2010年以来，京津冀地区社会保障就业类、文化类体育传媒与公共安全类的人均公共预算支出保持持续上升，2020年分别达到 2132.28 元/人、301.81 元/人与 814.22 元/人，分别比 2014 年增长96.96%、28.22%和52.61%（见图4-25）。随着社会服务投入的加大，京津冀地区居民的公共服务水平将得到显著提高。

第三，京津冀地区生活舒适度逐渐改善（见图4-26）。在公共交通方面，2014~2020 年京津冀每万人拥有公共交通车辆保持连续多年的增长势头，但2018年以后有所回落，可能的原因是城乡居民汽车拥有量较快增长带来的结果。在信息基础设施方面，2010 年以来京津冀地区单位面积光纤长度保持连续增长势头，2020 年达到0.22 千米/平方千米，比 2014 年增长了 7.02%。在城市宜居方面，京津冀地区人均公共绿地面积长期保持较快增长，2020 年达到10.24 公顷/万人，比 2014 年增长了 27.04%。

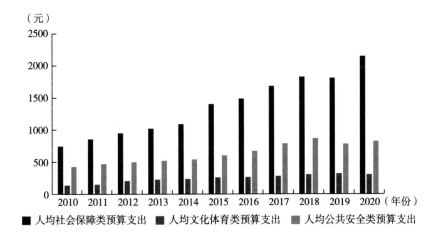

图 4-25　京津冀公共服务投入的变化趋势

数据来源：历年《北京统计年鉴》《天津统计年鉴》和《河北统计年鉴》。

图 4-26　京津冀生活舒适度指标的变化

数据来源：历年《中国统计年鉴》《北京统计年鉴》《天津统计年鉴》和《河北统计年鉴》。

第四，教育和医疗卫生发展状况近年来有所改善。在教育投入方面，2010 年以来京津冀地区生均教育经费支出总体呈现上升的趋势，2020 年达到 12403 万元/人，与 2014 年接近，主要原因是 2020 年京津冀三地人口数经普查核实之后做了调整而导致的。在教育质量方面，京津冀地区中小学师生比经历了先震荡下降后缓慢回升，

2018 年提升至 0.068∶1，与 2014 年接近（见图 4-27）。在医疗服务方面，京津冀地区万人拥有卫生机构人员数连续多年保持上升的态势，2020 年为 106 人/万人，比 2014 年增加 24 人。在养老服务方面，2020 年京津冀地区每万人拥有养老床位数 451 张，比 2014 年仅增加了 7 张。随着大城市人口老龄化的到来，京津冀地区老年人养老问题变得十分突出，养老服务的供需矛盾比较尖锐。

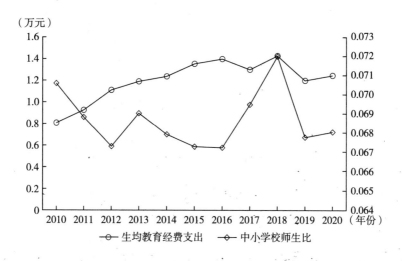

图 4-27　京津冀教育投入和教育质量的变化

数据来源：历年《中国统计年鉴》《北京统计年鉴》《天津统计年鉴》和《河北统计年鉴》。

第五章　京津冀协同发展阶段效果的问卷评价

　　京津冀地区是人口经济密集地区和需要优化开发的区域。长期以来，京津冀地区面临着定位缺乏统筹、资源环境承载超限、"大城市病"问题突出、地区发展差距悬殊等问题。要妥善解决这些问题亟须京津冀三地共同协作、联动发展。2014 年 2 月 26 日，习近平总书记在京召开的座谈会上提出了"京津冀协同发展"以及相应的"七点要求"，这一提法很快上升为国家战略。2014 年以来，京津冀协同发展在从规划走向实践的过程中，其阶段效果越来越被社会各界所关注。目前，绝大多数的研究高度依赖各级统计部门公开出版的统计数据，而缺少问卷调查数据的支持，为此，本章将弥补这方面的研究不足。

第一节　问卷调查情况简介

　　2016 年 11 月 20 日至 12 月 10 日，中国社会科学院工业经济研究所联合北京市社会科学院、首都经济贸易大学、天津市社会科学院、河北经贸大学等智库理事会成员单位共同组织实施了"京津冀协同发展战略的实施进展与阶段成效"问卷调查活动。为了深入了解不同群体对京津冀协同发展阶段效果的主观评价，课题组分别针对京津冀三地的官员及学者、企业高管和普通居民三大类受访群体设计了九套不同类型的调查问卷，每位受访者根据自己所掌握的信息进行答题。

问卷题目是根据《京津冀协同发展规划纲要》（以下简称《规划纲要》）的基本内容和主要目标进行设计，并采用单项选择题形式设置选项。课题组根据京津冀三地人口分布统筹安排问卷发放量，共计发放问卷 1200 份，回收问卷 1109 份。从回收问卷的地区分布看，北京市回收问卷 281 份，占 25.34%；天津市回收问卷 271 份，占 24.44%；河北省回收问卷 557 份，占 50.23%。从受访者的身份看，官员及学者回答问卷 334 份，占 30.12%；企业高管回答问卷 184 份，占 16.59%；普通居民回答问卷 591 份，占 53.29%。①

第二节　京津冀协同发展的阶段效果获得"点赞"

这次问卷调查的统计结果表明，京津冀协同发展阶段成效获得半数以上受访者的认可。如图 5-1 所示，在 1103 位京津冀三地受访者中，15.78% 和 43.16% 的受访者分别认为《规划纲要》出台以来，京津冀协同发展的成效显著、有所成效；而认为京津冀协同发展成效一般、成效尚未显现和没有成效的受访者占比分别为 29.28%、10.88% 和 0.90%。换言之，接近六成的受访者对京津冀协同发展的成效"点赞"。如果从京津冀三地分别来看，57.30% 的北京受访者认为京津冀协同发展成效显著或有所成效，59.33% 的天津受访者和 59.57% 的河北受访者也持这样的评价。

其实，上述受访者的主观评价比较符合当前京津冀协同发展的实际情况。根据中国社会科学院京津冀协同发展智库发布的报告，京津冀协同发展的阶段效果已显现出来。如图 5-2 所示，2014 年以来京津冀协同发展指数呈现连续上升的趋势，2016 年指数值达到 175，较 2013 年略有上升，并保持连续上升的势头。报告进一步分析表明，京津冀协同发展取得的阶段效果主要体现在创新发展和共享发展方面取得的进步，创新发展和协调发展虽然也有一定的改善，但不明显，创新能力和地区发展水平差距仍未呈现缩小的趋势。京津冀开放发展举步维艰，

---

① 限于篇幅，调查问卷详细内容可参阅《京津冀协同发展指数报告（2016）》第 109~184 页。

开放水平地区差距较大，扩大对外开放步伐比较缓慢。

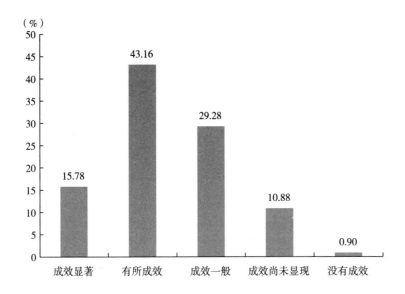

图 5-1 京津冀协同发展阶段效果的综合评价

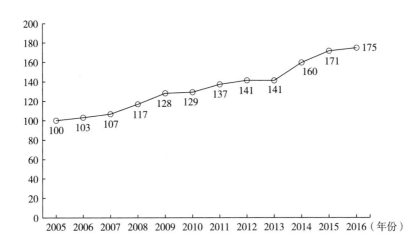

图 5-2 京津冀协同发展指数的变化趋势

数据来源：《京津冀协同发展指数报告（2017）》。

第三节　北京非首都功能疏解取得显著成效

疏解北京非首都功能是京津冀协同发展的"牛鼻子"。经过这些年先易后难、点面结合和循序推进，北京非首都功能疏解已取得了显著成效，有效缓解了北京突出的"大城市病"问题。这些积极的变化既表现在北京市不同社会群体日益增多的获得感，又体现在这些群体对非首都功能疏解给予较高的主观评价。

第一，北京市非首都功能疏解留给受访者的总体印象较好。本次调查共收到北京地区 280 位受访者的问卷，其中，12.14% 的受访者赞同北京非首都功能疏解全面展开，成效显著；20% 的受访者选择"非首都功能疏解全面展开，但成效不足"选项；33.57% 的受访者则认同"非首都功能疏解局部进展，成效显现"；31.43% 的受访者选择了"非首都功能疏解有所进展，但力度不够"选项；仅 2.86% 的受访者认为非首都功能疏解没有进展。从调查问卷的结果看，绝大多数的受访者认可了北京非首都功能疏解取得的显著成效。

第二，受访者普遍反映北京市产业出现对外转移势头。如表 5-1 所示，从问卷调查结果看，一般制造业和商贸物流业向外集中转移趋势比较明显，而金融服务（金融后台）、健康养老等行业向外转移进展相对缓慢。受访者的主观评价跟事实基本吻合，2016 年北京市关停退出一般制造业企业和污染企业 335 家，疏解各类商贸市场 117 家，其中有相当多的一般制造业企业和商贸批发企业转移到天津、河北。①

表 5-1　北京市产业对外转移和社会公共服务功能的情况

重点行业	受访人数	问卷调查结果（%）				
		明显进展	有所进展	略有进展	进展缓慢	没有进展
一般制造业	146	19.9	40.4	24.0	12.3	3.4
商贸物流	140	35.7	42.9	15.0	4.3	2.1

---

① 数据来源：《2017 年北京市政府工作报告》。

续表

重点行业	受访人数	问卷调查结果（%）				
		明显进展	有所进展	略有进展	进展缓慢	没有进展
金融服务	141	6.4	32.6	23.4	27.7	9.9
健康养老	137	2.9	30.7	24.8	27.7	13.9

第三，近七成受访者认为，北京市城市副中心建设取得进展。在107位受访的北京地区官员及学者中，30.8%的受访者认为北京市城市副中心全面推进，力度很大，城市框架拉开，能如期完成；38.3%的受访者认为重点项目率先突破，有望如期完成，但城市配套、农民回迁等方面相对滞后；27.1%的受访者认为重点项目已经启动，但规划实施进度总体偏慢；2.8%的受访者认为重点项目已经启动，但规划实施进度几乎停滞；只有1%的受访者认为重点项目尚未启动，但规划实施进度几乎停滞。

第四，受访者普遍反映，《规划纲要》实施以来，北京市中心城区人口疏解和交通拥堵改善效果不够明显。在280位北京地区受访者中，57%的受访者认为北京市中心城区人口变化不大，35%的受访者认为中心城区人口略有减少，2%的受访者认为中心城区人口明显减少，而5%和1%的受访者分别认为中心城区人口略有增长、增长较快。另外，北京地区的受访者普遍认为，《规划纲要》颁布实施以来，北京市中心城区交通拥堵状况没有明显缓解。在北京地区的281位受访者中，超过90%的受访者并不认同北京市中心城区的交通拥堵状况明显改观。这种主观判断与百度地图公布的城市交通拥堵指数排名基本一致，北京市在2017年第一季度全国主要城市拥堵指数排名中位居第四位，而在此后的跟踪中更是多次升至第二位。①

第四节　京津冀重点领域协同发展取得进展

2014年以来，京津冀三地抓住协同发展的重大机遇，着力打破行政壁垒，

---

① 数据来源：http://jiaotong.baidu.com/reports/。

主动开展相互对接活动，在生态环境协同治理、交通一体化、产业转移协作等重点领域取得了明显的进展，同时在公共服务一体化、协同创新推进、要素流动、体制机制创新等方面也实现了突破。

一、京津冀生态环境治理效果还没获得充分认可①

第一，更多的受访者对京津冀环境污染协同治理成效予以"差评"。从934份京津冀三地回收的问卷结果看，49.04%、13.38%和1.50%的受访者分别认为京津冀环境污染协同治理成效一般、没有成效、略有退步，只有8.35%、27.73%的受访者分别认为京津冀环境污染协同治理成效显著、成效较好。从受访者的评价看，虽然京津冀三地持续加大对环境污染特别是大气污染治理力度，但收效并没有立即显现出来，这也说明了京津冀环境污染协同治理的任务艰巨、长久。

第二，近六成受访者认为，京津冀空气质量有待于继续改善。在1109位京津冀三地受访者中，只有11.18%的受访者认为京津冀空气质量比往年明显改善，30.03%的受访者认为京津冀空气质量只是季节性改善，36.79%的受访者认为京津冀空气质量没有改善，14.79%、7.21%的受访者分别认为京津冀空气质量有所恶化、明显恶化。可见，空气质量未能有效改善致使京津冀三地居民对环境治理成效的满意度不高。

第三，京津冀地区沙尘暴发生次数有所减少。在1104位京津冀三地的受访者中，28.44%和38.04%的受访者分别认为京津冀春季沙尘暴发生次数较往年有明显或略有减少，28.8%的受访者则认为京津冀春季沙尘暴发生次数与往年基本持平，不足5%的受访者认为京津冀春季沙尘暴发生次数增多了。

第四，超过半数的受访者表示，本地的河湖水环境改善不明显。在1102位京津冀三地受访者中，52.72%的受访者认为本地的河湖水质变化不大，8.44%、30.4%的受访者分别认为水质明显改善、有所改善，不到10%的受访者认为本地的河湖水质变化有所恶化或明显恶化。上述结果侧面反映了地方政府为了完成考核任务具有选择性的生态环境治理倾向，轻视水环境治理。

---

① 因本次问卷调查时间是2016年底，关于生态环境治理的调查结果不完全能真实反映当前京津冀生态环境治理的成效。

二、京津冀交通一体化取得进步

第一，超过六成受访者认为，京津冀协同发展改善了居民的交通出行环境。在1102位京津冀三地受访者中，64.82%的受访者认为京津冀交通出行环境更加便利，23.48%的受访者认为交通出行环境略有改善，10.51%的受访者认为交通出行环境没有明显变化，1.19%的受访者认为交通出行环境更加恶化。

第二，京津冀交通一体化进展较快。一方面，京津冀各地互联互通工程和瓶颈路拓宽改造工程加快推进，获得社会各界普遍认可。在1102位京津冀三地受访者中，18.6%的受访者认为这两大工程全面进展，进展较快；42.92%的受访者认为这两大工程全面展开，有些地方进展比较缓慢；15.79%的受访者认为这两大工程全面展开，进展缓慢；11.8%的受访者认为这两大工程已局部展开，进展较快；10.89%的受访者认为这两大工程局部展开，进展缓慢。从上述结果看，超过75%的受访者认为京津冀交通一体化的动作较大，这两大交通一体化工程已全面展开。另一方面，轨道交通、高速公路网络、港口群协作等方面取得不同程度的进展（结果见表5-2），其中受访者对高速公路网络建设和轨道交通建设认可度最高。

表5-2　交通一体化进展的调查结果

重点领域	受访人数	问卷调查结果（%）				
		明显进展	有所进展	略有进展	进展缓慢	没有进展
轨道交通建设进展[①]	330	48.2	29.7	14.2	7.6	0.3
高速公路网络建设	330	43.3	36.1	15.2	5.4	0.0
港口群协调联动	328	12.5	39.6	29.9	14.3	3.4
机场分工协作	327	18.7	38.5	23.2	15.9	3.7

三、京津冀产业转移协作增强

第一，京津冀产业转移协作具有机会多、落地难的特点。在512位京津冀三

---

① 轨道交通包括地铁、城际铁路、普速铁路和高速铁路。

地受访者中，20.7%的受访者认为京津冀产业转移合作项目多，已取得实质性进展；53.3%的受访者认为产业转移合作项目多，但落地困难；21.7%的受访者认为产业转移合作项目不多，推进困难；4.3%的受访者认为产业转移合作项目少。可见，尽管超过七成的受访者认为京津冀协同发展带来产业转移协作的机会增多，但仍有超过半数的受访者认为产业转移合作项目存在落地难的问题，而项目落地难集中又表现为项目用地指标不易落实、项目融资困难等。

第二，超过六成受访者认可产业合作园区建设取得进展。在 509 位京津冀三地受访者中，20.8%的受访者认为合作园区取得实质性进展，已有一批重点合作项目建成投产或开工；43.4%的受访者认为合作园区启动建设，重点项目已签约或开工建设；28.3%的受访者认为合作园区进展缓慢，重点项目仍处于谈判签约阶段；7.5%的受访者认为合作园区建设基本停滞，重点项目仍处于招商引资阶段。

第三，京津冀产业转移协作呈现明显的行业差异。如表 5-3 所示，装备制造、商贸物流、电商物流等行业转移协作较为明显，具有规模化的特征；电子信息、汽车制造、化工石化、钢铁等行业出现转移协作机会增多的趋势，具有基地化的特征；而金融后台、体育休闲、教育培训、健康养老、文化创意等行业转移协作的机会相对较少，具有零星的分散化特征。

表 5-3　京津冀重点行业的转移协作情况

重点行业	受访人数	问卷调查结果（%）				
		明显进展	有所进展	略有进展	进展缓慢	没有进展
电子信息	425	10.1	40.2	27.8	16.9	5.0
装备制造	418	13.4	40.7	28.9	15.1	1.9
汽车制造	400	17.8	34.0	24.8	18.8	4.6
化工石化	402	13.7	32.6	29.4	20.3	4.0
钢铁	391	23.0	33.5	19.7	17.9	5.9
金融后台	415	6.7	27.0	28.7	29.6	8.0
商贸物流	415	23.4	36.6	24.6	13.5	1.9
电商物流	399	15.1	36.8	29.1	15.5	3.5
文化创意	399	10.0	31.1	30.1	21.8	7.0

续表

重点行业	受访人数	问卷调查结果（％）				
		明显进展	有所进展	略有进展	进展缓慢	没有进展
教育培训	401	8.0	29.4	27.4	27.2	8.0
健康养老	446	8.7	31.8	24.4	27.2	7.9
体育休闲	450	8.0	29.8	26.2	25.8	10.2

第四，从产业承接地看，天津和河北承接产业转移取得不同程度效果。在173位受访的天津市地方官员、学者和企业高管中，超过70%的受访者认为天津承接北京一般制造业和商贸物流的进展比较明显，65%左右的受访者认为天津承接北京金融服务和健康养老的进展开始显现。同时，对津冀产业对接问题，超过70%的天津受访者认为天津的一般制造业和商贸物流业向河北转移进展比较明显，而至少60%的受访者认为金融服务、健康养老和社会公共服务功能进展比较缓慢。另外，在110位受访的河北官员及学者中，87%、77%、83%和80%的受访者分别认为河北承接北京的一般制造业、商贸物流业、金融服务和健康养老出现进展，可见，河北受访者对北京非首都功能疏解认可度普遍比天津高。

第五，超过半数的受访者认为，央企支持京津冀协同发展的力度不够。对于央企到津、冀投资布局一批重点项目问题，在338位京津冀三地受访者中，18.6%的受访者认为数量多、投资规模大；15.4%的受访者认为数量多、投资规模小；25.7%的受访者认为数量少、投资规模大；34.9%的受访者认为数量少、投资规模小；5.3%的受访者认为几乎没有。另外，对于驻津、冀的央企扩大当地产业项目投资问题，在333位受访者中，17.1%的受访者认为数量多、投资规模大；18.9%的受访者认为数量多、投资规模小；19.2%的受访者认为数量少、投资规模大；37.2%的受访者认为数量少、投资规模小；7.5%的受访者认为几乎没有。此外，45%的天津受访者和32%的河北受访者都认为央企到天津或河北设立二级企业数量较多，而20%的天津受访者和38%的河北受访者一致认为央企没有到津、冀设立功能型总部。

四、北京市医疗教育资源对津、冀的辐射仍显不足

第一，北京与天津、河北医疗机构协作关系有待深化。对于北京市医疗机构

与天津、河北建立协作关系（对口帮扶、异地转诊、人才交流培养、诊室共建、专家异地坐诊）问题，在923位受访者中，15.3%的受访者认为京津冀医院合作紧密、领域较多，效果较好；40%的受访者认为合作紧密，但领域较少，效果较好；16.5%的受访者认为合作紧密，领域较多，效果一般；21.7%的受访者认为合作不紧密，领域较少；6.6%的受访者认为没有实质性合作。另外，在北京与天津、河北合作共建医院方面，超过60%的受访者认为合作共建的医院太少，难以分享北京优质医疗服务资源。此外，在805位的津冀两地的受访者中，21%的受访者认为京津冀三地可以实现医保异地报销结算，35.4%的受访者认为同一省（市）内医保可异地结算，22.73%的受访者认为在同一地市内才能实现医保异地结算，还有近20%的受访者认为医保没有实现异地结算。

第二，北京与天津、河北教育合作还有较大的提升空间。如表5-4所示，在各层次教育合作方面，超过六成受访者认为，北京地区的高校、优质中小学校、职业院校与津、冀合作办学（设立分校区）的数量偏少。而且，有超过半数的受访者认为，即使开展了办学合作，但北京高校和职业院校到津、冀设立的分校（或分校区、实训基地）办学水平一般，换言之，北京教育资源输出更多的是品牌和管理输出，并没有师资、办学模式等方面的协同输出。

表 5-4　京津冀医疗教育合作的情况

主要领域	受访人数	问卷调查结果（%）				
		数量多、水平高	数量多、水平一般	数量少、水平高	数量少、水平一般	几乎没有
高校	927	11.4	18.6	21.0	35.2	13.8
优质中小学校	924	9.8	17.0	20.9	31.4	20.9
职业院校	922	9.2	19.7	17.4	37.5	16.2
高校联盟	918	11.9	17.3	20.9	33.9	16.0

五、其他领域

第一，京津冀协同创新取得实质性进展。在552位受访者中，28%的受访者认为京津冀创新协作明显加强，亮点很多，出现了一批合作平台、科研成果转化基地和创新联盟；20%的受访者认为明显加强，但亮点不多；29%的受访者认为有所加强，已出现一些合作平台或科研成果转化基地；20%的受访者认为京津冀创新协作有所加强，但实质性合作不多；只有3%的受访者认为没有明显加强。可见，京津冀协同发展战略实施对区域创新推动作用是非常明显的，保定·中关村创新中心就是一个非常典型的例子。

第二，京津冀要素流动更加顺畅。一方面，京津冀协同发展为三地的金融资本合作创造了更多的机会。在440位受访者中，18.4%的受访者认为北京地区流向津、冀的金融资本比过去明显增长；50%的受访者认为比过去略有增长；27%的受访者认为与过去基本持平；4.5%的受访者认为比过去略有减少。可见，津、冀吸引北京地区资本的增长态势有利于推动京津冀各领域深入合作。另一方面，《规划纲要》实施以来，京津冀三地间人口流动更加频繁。在104位受访者中，13.5%的受访者认为三地间人口流动较过去呈现明显的增长；40.4%的受访者认为比过去略有增长；40.4%的受访者认为与过去基本持平；4.8%的受访者认为比过去略有减少；1%的受访者认为比过去明显减少。

第三，协同发展体制机制创新稳步推进。如表5-5所示，根据京津冀三地官员及学者的问卷反馈的结果显示，受访者对基础设施互联互通机制明显进展认可度最高，达到31.2%；而对公共服务一体化的体制创新明显进展认可度最低，仅为7.4%。另外，京津冀协同发展带动了三地间的干部交流。在324位受访者中，23.1%的受访者认为《规划纲要》实施以来，干部交流机会比以往明显增多，52.2%的受访者认为干部交流机会比以往增多，21.6%的受访者认为干部交流机会与以往持平，3.1%的受访者认为干部交流比以往减少。众多事实表明，京津冀三地干部交流机会增多有利于凝聚协同发展共识，扩大产业对接协作和增强协同工作互动。

表5-5　京津冀协同发展的体制机制创新进展情况

重点领域	受访人数	问卷调查结果（%）				
		明显进展	有所进展	略有进展	进展缓慢	没有进展
基础设施互联互通	327	31.2	38.8	16.8	11.3	1.9
生态环境保护联动	329	18.8	42.6	21.3	14.3	3.0

续表

重点领域	受访人数	问卷调查结果（%）				
		明显进展	有所进展	略有进展	进展缓慢	没有进展
产业协作机制	326	12.0	40.2	30.7	15.3	1.8
科技创新协同	325	10.8	40.0	27.1	20.3	1.8
公共服务一体化	326	7.4	27.0	23.3	35.3	7.0

第五节 以人民为中心推动京津冀协同发展的政策建议

从上述问卷调查中容易发现，京津冀协同发展已取得了明显的阶段成效，但仍然面临一些现实问题。主要包括：一是北京非首都功能疏解并没有明显改变当前城市拥堵和人口过度集聚的状况。尽管统计数据表明，北京市近年来已经疏解或关停了一大批的制造业企业和商贸批发商户，但还是有相当多的受访者认为北京中心城区仍然拥堵，中心城区人口没有显著减少。二是京津冀产业转移协作遇到了现实的瓶颈。京津冀三地开展产业对接的积极性很高，但却遇到了项目落地难、优惠政策落实难、招人难等问题，这些问题无疑抵消了这种良好的发展势头。而央企支持京津冀协同发展力度不足，尚未在疏解转移下属企业方面下功夫。三是京津冀环境污染协同治理缺少系统性。从中央到地方都将"蓝天保卫战"作为大气污染治理的攻坚战，而对水环境、土地污染等领域的治理重视不够，许多受访者并没有感受到水环境改善。四是北京优质医疗教育服务资源向津、冀辐射尚未破题。津、冀受访者比较一致认为京津冀三地在医疗教育方面已开展了不同形式的合作，但合作深度和领域非常有限，与大家的预期落差较大。为了妥善解决上述这些问题，从中央到地方都应采取必要的政策措施加以应对。

第一，分类治理京津冀农村地区环境污染。坚持短板思维，适时将环境污染治理的重点从城市转向农村，从大气扩大到水环境、土壤环境。以实施乡村振兴发展为契机，采取政府补助引导、集体经营性资产出资和农户自己分担相结合的方式，针对不同类型村庄稳步推进农户散煤分类治理、生活污水集中治理、农业面源污染分片治理以及农村土壤污染集中整治。各地要积极探索"河长制""湖长制"等创新做法，将水环境质量纳入地方政府官员政绩考核指标体系中。

第二，大力支持京冀、津冀合作产业园区建设。河北要选择一批基础较好的产业园区作为区域协同发展的合作园区。这些合作园区原则上由河北省政府负责认定，覆盖到各地市，由京冀、京津合作方共同规划、共同投资、共同建设、共同管理和共同受益，园区发展重点就是承接京津产业转移和科技成果产业化。对于这些合作产业园区，原则上对落地的产业项目予以建设用地指标优先保障。为了防范部分企业圈地，河北省有关部门应将项目用地的产出效益写入合作协议，对于未能如期达到亩均产出收益的项目予以清退或强制收回低效利用土地和圈而未用的土地。

第三，多策并举治理北京中心城区拥挤过度问题。一方面，要探索市场化控车途径，建立机动车车牌拍卖市场，提高中心城区公共停车场收费标准，严格控制机动车的规模。另一方面，加快实施北京中心城区疏解腾退空间更新改造。北京市有关部门应组织编制城市更新改造规划，坚持"业态更新、减人增绿"的原则，按照宜业则业、宜游则游、宜商则商、宜馆则馆和宜园则园的思路，充分利用腾退空间，吸引合适的业态发展，规划建设博物馆、公园等市民公共文化活动空间。

第四，加大引导北京优质医疗教育资源到周边地区发展。大力支持北京高水平中小学校和医疗机构到天津、河北设立分校区、分院区，实施一体化管理，实现高端人才资源双向流动。北京市应鼓励高水平中小学校和医疗机构与社会资本抱团到天津、河北发展，探索集团化、社会化、连锁式办学、办医模式，输出管理模式和优秀人才，其中，医疗机构可以探索异地分诊、专家异地坐诊、远程医疗等方式解决京外周边地区患者扎堆进京看病问题。

第五，鼓励中央企业将下属企业及其附属机构搬迁到京外周边地区布局。按照《京津冀协同发展规划纲要》的有关要求，国家应编制中央企业向外转移疏解目录清单，建立台账制度，采取行政、法律、经济等手段要求中央企业将下属企业及其附属机构整体或部分搬迁至京外周边城市，同时从严从紧审批中央企业在京注册设立下属企业，压减中央企业申请进京人员落户指标。有关部门要大力支持中央企业与京外周边城市开展战略合作，推动一批符合发展规划的产业项目落地，带动京外周边地区产业升级。

第六，深入推进京津冀协同发展的体制机制创新。在国家层面，要尽快制定京津冀协同发展的体制改革和全面开放实施方案，明确改革开放的路线图和重点领域。在国家京津冀协同发展领导小组的指导下，京津冀三地政府要建立长效、相对稳定的对接机制，积极推动公共服务一体化、协同创新、毗邻地区发展等领域的体制机制创新，建立共建共享、互利共赢的机制，形成能够调动三地积极性的制度安排，减小体制机制改革深入推进的阻力。同时，京津冀三地也要积极探索市场化的协同发展模式，利用市场力量推动资源、产业和市场的整合，进而形成利益相连、优势互补、有序发展的命运共同体。

第六章 "雄安质量"的时代内涵、评价标准与实现路径

  "雄安质量"是雄安新区建设高质量发展样板的基本概括。20世纪80年代,"深圳速度"成为我国改革开放初期的"时代符号",形象描述了深圳从一个小渔村变为现代超大城市所经历过的翻天覆地变化,并从侧面反映了我国后发赶超的"奇迹"。雄安新区是京津冀协同发展深入推进的重大战略部署,是时代应运而生的产物。2018年以来,我国学术界开始关注和阐释"雄安质量",已出现了一些有价值的观点。"雄安质量"涉及了雄安新区城市规划建设发展的全过程。例如,杨开忠(2018)指出,"雄安质量"关键要推进全要素质量变革,政府、市场和社群的全员质量变革以及规划、设计、营运、管理全过程质量变革。[①] 那么如何实现"雄安质量"?学者们也有不同的看法。肖金成(2018)认为,科学的空间布局是实现"雄安质量"的关键;[②] 而杨嘉莹、尹德挺(2019)则认为,创造"雄安质量"的关键在于坚持新发展理念,持续推动改革与创新,在具体路径选择方面,要主动对接北京非首都功能疏解,把创新摆在发展的核心位置,建设智慧之城和绿色低碳之城,推动产城融合发展。[③] 虽然当前学术界对"雄安质量"的研究尚处于起步阶段,但"雄安质量"实践却已经进入了蓝图逐步绘就的阶段,亟待从理论上进行丰富完善,最终形成遵循规律、合乎实际的理论体系。

---

① 杨开忠. 雄安新区高质量发展要实现四个"创造"[N]. 中国建设报,2018-04-25.
② 肖金成. 科学的空间布局助力"雄安质量"[N]. 中国建设报,2018-04-25.
③ 杨嘉莹,尹德挺. 借鉴深圳浦东经验 努力创造"雄安质量"[N]. 北京日报,2019-02-01.

第一节 "雄安质量"的时代内涵

从"深圳速度"到"雄安质量",是我国改革开放深入探索实践的过程。当"深圳速度"成为渐渐消退的时代记忆的时候,"雄安质量"正成为社会各界的期待。"雄安质量"是习近平总书记亲自谋划和多次强调的,雄安新区要打造新时代高质量发展的样板,成为新时代中国发展的典范。"雄安质量"是新发展理念的实践应用与创新发展,是习近平新时代中国特色社会主义思想的生动实践,具有丰富、深刻的时代内涵。实现"雄安质量"需要耐心和时间,要坚持新发展理念,大胆创新,从城市建设、创新体系、生态环境治理、对外开放、城市安全等多条路径齐头并进,并引领新时代我国高质量发展的方向。

一、"雄安质量"的基本内涵

"雄安质量"是动态发展的,在城市发展的不同阶段表现出其独特的时代韵律。在城市规划设计阶段,"雄安质量"更多体现在城市规划理念的先进性,城市规划的战略性、科学性和可行性以及城市规划高标准、成体系。在城市大规模开发建设阶段,"雄安质量"涉及范围更大,不仅涉及城市各项规划的落地实施,还涉及城市建设高标准、高质量、高效率,以及城市建设的社会安全稳定等。当城市轮廓初具雏形的时候,就意味着城市进入快速发展阶段,"雄安质量"不仅表现为城市高颜值的形象、城市管理现代化、市民安居乐业、生态环境治理高效、优秀传统文化继承发扬等方面,还体现了习近平新时代中国特色社会主义思想的生动实践。"雄安质量"是时代赋予的历史使命,是我国新时代高质量发展的生动写照。"雄安质量"不能简单理解为雄安新区1770平方千米规划范围内发生的事情,而应看作我国经济发展方式转变的缩影。

"雄安质量"是有边界、可持续的发展,要坚守四条红线。第一条红线是城市开发边界的红线。只有守住这条红线,雄安新区才能避免城市出现"摊大饼"现象,才能实现集约发展。第二条红线是生态资源红线,包括生态红线和永久基本农田保护的红线。这条红线是雄安新区实现蓝绿交织意境的根本保障，是城市可持续发展的基础条件。第三条红线是城市安全红线。雄安新区建设发展不是以牺牲人民群众生命财产安全为代价来换取的，而是构建高标准的城市安全体系，确保不发生特重大安全生产事故。第四条红线是政治生态红线。"执政为民、廉洁奉公"要贯穿雄安新区规划建设发展的始终，社会对腐败保持零容忍，各级领导干部展现廉政亲民的形象。

总之，科学、准确、深刻把握"雄安质量"的时代内涵是雄安新区实现高质量发展的必要条件，是城市发展思想大解放和广泛形成共识的需要。然而，也要批判、推翻和消除一些似是而非的错误认识或对"雄安质量"片面理解，特别是以下三种观点：第一种观点是"雄安质量"不像"深圳速度"，不需要追求经济高速度增长，只需要注重全要素生产率的提升就可以了。这种观点是错误的，因为雄安新区开发建设必将迎来高投资、高增长的阶段，投资驱动城市高速经济增长是正常的经济现象，虽然关注全要素生产率增速上升原本无可厚非，但在发展初期，全要素生产率对经济增长的贡献比较有限却是客观存在的现象。第二种观点是"雄安质量"只需要看到高质量的发展结果，不必计较其发展过程。这种观点是片面的认识，因为"雄安质量"要求城市规划建设发展全过程都要注重高质量，而不是只看发展结果，而忽视发展过程。第三种观点是"雄安质量"只代表了雄安新区高质量发展。其实，这是狭隘的认识，"雄安质量"是雄安新区高质量发展的形象表征，也是我国新时代高质量发展向外的展示。换言之，"雄安质量"绝不是只刻画了雄安高质量本身，而是代表着国家高质量发展，是实现中华民族伟大复兴的"中国梦"的生动阐释。虽然以上列举的观点容易误导舆论和社会公众，但这却是大家在深入研讨和准确理解"雄安质量"过程中不可避免的现象。

二、"雄安质量"的时代价值

"雄安质量"是新发展理念付诸实践结出的硕果。以习近平同志为核心的党中央站在新的历史起点上提出了创新、协调、绿色、开放、共享的发展理念，指引国家实施新一轮改革开放。设立河北雄安新区的初心就是建成承接北京非首都功能疏解的集中承载体，目标就是建成引领时代潮头的高质量发展样板，是深入贯彻五大发展理念的"优秀杰作"。尽管雄安新区刚处于开发建设阶段，原先发展基础不高，但发展空间开阔，规划建设标准较高，具备后发赶超、跨越发展的现实条件。

"雄安质量"是深入推进京津冀高水平协同发展的内在需要。如果雄安新区规划建设发展还是继续在传统的路径上推进，那么将可能失去持续发展的活力，也难以实现承接北京非首都功能疏解的历史重任。因此，雄安新区要通过高质量发展标准来建设创新之城、和谐之城和绿色之城。可以预想到，雄安新区今后将是一座没有城市病的城市，不仅具有能够与北京、天津相当甚至更好的发展环境，还拥有体制机制改革率先探索试验的优势，将能吸引全球创新创业人才，进而成为平衡北京、天津的重要一极。

"雄安质量"是雄安新区要用改革创新的办法解决我国长期想解决但没有解决好的经济社会发展重大现实问题的使命要求。在工业化和城镇化快速推进的历史阶段，"大城市病"、环境污染高发、高房价等问题比较突出，成为我国当前社会舆情的焦点。而这些问题将在雄安新区建设中得到较好解决，并作为"雄安示范"向海内外推广。"雄安质量"就是在一系列"雄安示范"的基础上，雄安新区不同领域高质量发展成果的"集合"。"雄安质量"不仅体现为经济社会发展进步快，更体现为各方面综合发展效益好，是人与自然和谐统一，是城市精神的充分彰显。

"雄安质量"是从过去注重经济增速转向更加注重经济发展质量的重要标志。在过去40多年的改革开放历程中，我国到处可以见到以速度论英雄的发展现象，这种现象的背后折射了不同经济发展主体的积极性得到充分有效、大范围的释放，也容易造成要素资源的紧平衡。现在，我国已是世界第二大经济体、制造业最大的国家，要素资源扩张的发展道路已难以为继。"雄安质量"呼之欲出，就是要求城市建设要避开片面追求规模扩张和财富索取的方式，更加强调城市可持续发展，更加重视生态环境建设，更加突出人与自然的和谐发展，更加强调传统文化与现代生活融合发展。

"雄安质量"是我国吹响新一轮改革开放的时代号角。"深圳速度"是我国改革开放40多年中让人记忆深刻的时代符号，鲜明刻画了深圳从小渔村向现代城市快速转变的历程。同样，"雄安质量"是我国新一轮改革开放的新方向标，是实现中华民族伟大复兴"中国梦"的时代需要。雄安新区要承担国家重大的改革开放任务,加快全面深化改革步伐,向改革要动力,在改革中实现创新崛起,实施高水平扩大国内外开放,向开放要活力,在开放中实现赶超发展。

"雄安质量"是我国城市文明走向新辉煌的重要标志。2018年我国城镇化率达到了59.58%,意味着从农村社会进入城市社会,从传统的农耕文明走进了现代的城市文明。"雄安质量"是基于我国进入城市社会的大背景提出来的,需要直面当前城市发展重大现实问题,着眼于解决城市发展的"人的问题"。从某种意义上讲,"雄安质量"是我国现代城市文明的探索之旅,蕴含着城市宜居宜业、和谐包容,是后工业文明社会的时代缩影。此外,"雄安质量"是多元文化交融、汇合、互鉴,是优秀中华民族传统文化走向包容开放的过程。

三、"雄安质量"的时代目标

习近平总书记期盼,河北雄安新区建设成为"妙不可言""心向往之"的典范城市。这是河北雄安新区铸就"雄安质量"的时代目标,是走好中国式现代化道路的生动诠释,具有深刻的内涵。

河北雄安新区是我国新时代创新发展的高地。河北雄安新区目前虽是创新洼地,但随着北京非首都功能疏解逐步到位和科技创新体制改革深入,将变成科技创新高地。河北雄安新区是创新创业创意的福地。一批高校科研机构汇集落户,高成长性科技企业顶天立地、铺天盖地涌现,高端人才蜂拥而至,不同国家创新人才齐聚,创新要素齐全完备,产学研用深度融合,创新将成为城市高质量发展的不懈动力。创新环境优质宽松,国际化创新特区建成,活跃的创新氛围历久弥坚,创新精神兴盛不衰,体制束缚持续减弱。

河北雄安新区是新时代推动区域协调发展的战略支撑点和城乡融合发展的示范区。雄安壮大发展必将打破区域不平衡的低水平均衡状态,以京津雄为核心,多中心、网络化的世界级城市群加快形成,京津冀区域发展差距有望缩小。另外,河北雄安新区是从城镇化水平较低、工业化粗放发展的三个县开始起步,缩小城乡发展差距是城市高质量发展要破解的难题。河北雄安新区建设将逐渐打破县城骨架、组团布局,多组团实现产城融合发展,城乡生活便利化、舒适程度大致相当,乡村振兴发展,城乡要素顺畅自由流动,城乡居民可支配收入差距很小。此外，雄安新区建设发展坚持以人民为中心的思想，深入探索精神文明与物质文明协调发展的"中国范本"。

河北雄安新区是全国绿色发展的进步区。河北雄安新区不仅铆足干劲、下大力气治理大气污染、改善水环境，还要建设生态宜居城市，让人与自然和谐相处。白洋淀荷塘苇海、鸟类天堂、鱼类家园再现，水质保持Ⅲ类以上，人与水关系和谐融洽，共抓水系大保护机制积极探索。"美丽雄安"尽显"美丽中国"之城市经典篇章，"城在林中、人在景中"正在变为现实，未来将是森林环城、湿地入城、三季有花、四季常绿，城市风貌清新明亮，"一方城、两轴线、五组团、十景苑、百花田、千年林、万顷波"的空间意象真实呈现。

河北雄安新区是面向全球、见证中国从大国走向强国的开放发展高地。虽然河北雄安新区开放水平起步很低，还不具备高水平开放条件，但中央批准在此设立中国（河北）自由贸易试验区雄安片区，吸收国内开放先行先试改革成果集成投入，探索新型开放体制改革。随着城市建设加快推进和重大改革开放举措付诸实施，河北雄安新区对外开放条件将逐步具备，北京大兴国际机场正在成为河北雄安新区面向全球开放的门户，各类开放平台将在这里拔地而起、形成组合优势。全球化元素进入城市每个角落，便利化的开放设施让人到了雄安就像周游世界。河北雄安新区今后将是一座远近闻名的国际大都会，是中西文化交汇之地。

河北雄安新区是率先实现共同富裕的共享发展城市。河北雄安新区是告别上学难、就医难、就业难、养老难的"无忧之城"。学有优教让青少年健康快乐成长，病有良医让看病不难不再空想，充分就业让就业难成为历史，老有所养成为老人的平常心。河北雄安新区是有文化内涵和文化气息的现代城市，城市文化培根铸魂、启智润心。公共文化设施体系完善高效，融入创意、科技元素的文化产业呈现高端、特色发展势头，城市留得住记忆、群众记得住乡愁、文化自信更加坚定。

第二节 "雄安质量"的评价标准

"雄安质量"是雄安新区高质量发展的综合表现，其评价标准应体现在经济、社会、生态、文化、安全、开放等多个方面。而且，雄安新区在各方面都要率先探索出一些具有全国示范意义的先进做法，每个方面的核心指标都应在全国城市中做得比较好，能够体现出较强的综合竞争实力，代表我国城市发展未来方向。具体而言，"雄安质量"的评价标准可以通过以下方面进行衡量。

一、经济发展度高

雄安新区经济发展水平较高，城市未来的人均 GDP 不低于北京、上海和深圳，率先实现社会主义现代化。现代服务业是城市发展的主导产业，先进制造业与现代服务业融合发展，制造业服务化程度较高。城市创新创业活力较强，不同所有制企业共荣发展，全社会 R&D 经费支出占 GDP 的比重不低于发达国家的平均水平，全要素生产率成为经济增长的主要推动力。城市创新体系完善，科技创新能力较强，万人专利拥有量超过发达国家平均水平，专利质量高于北京、上海、深圳等全国科技创新中心，部分国家重大科学装置和研究平台布局于此并发挥创新溢出效应。

二、社会共享度宽

雄安新区社会事业蓬勃发展，率先建立以人为核心的高标准、均衡发展的基本公共服务体系。优质公共服务资源实现均衡化布局和城乡平衡发展，教育、医疗、卫生、养老等社会事业整体发展水平达到甚至超过北京城六区。雄安新区基本公共服务供给实现全面覆盖、均等化供给，不同年龄群体都能享受到适合需求的基本公共服务。长期在雄安新区生活和工作的外来常住人口将享受与本地居民同样同质的基本公共服务。长期定居在雄安新区的外籍公民、港澳台人士和海外侨胞都能够享受市民化的基本公共服务。社会基础设施体系发达完善，不同人群平等使用。就业和教育机会公平均等，社会和谐稳定。

三、生态和谐度优

雄安新区是一座蓝绿交织、绿色低碳、生态宜居的绿色城市，舒适的城市环境成为海内外创新创业人才的向往之地。白洋淀完成生态环境综合治理，被列入国家公园试点，成为这座城市的绿心，重现昔日的淀泊风光美景。山水林田湖淀治理取得显著成效，让城乡居民望得见山水、记得住乡愁。城市公园体系健全完善，城市居民步行300米进公园、1千米进林带、3千米进森林。城市绿色交通体系发达，绿色出行理念深入人心，慢行系统成为市民出行的主要途径。清洁能源广泛使用，绿色建筑、分布式发电、地热综合利用等进入大规模实施推广。

四、文化丰厚度实

雄安新区托管的雄县、安新和容城三县都是文化厚重、历史悠久之地，红色革命文化代代相传。优秀传统文化传承发展，各类历史文化古迹妥善保护。在城市建设发展中，新文化蓄势发展，与传统文化相得益彰。文化开放发展，传统文化包容并蓄，文化创新活力很强，草根文化、移民文化、京城文化、异国文化等不同文化和谐共生。文化基础设施完善，文化产品丰富多样，文化产业加快发展。

五、公共安全度好

雄安新区是一座让人有很高安全感的城市，社会治安好，重特大安全生产事故零发生。城市交通、民防工程、地下管廊等基础设施按照高标准建设，城市抗震防震等级较高，防洪工程标准处于国内领先水平。城市建立完善的安全生产管理体系，安全生产责任制得到贯彻落实，新兴技术在城市安全生产中广泛应用。城市交通安全管理体系完善，交通事故多发路段得到有效改造。城市建设的每个细节都注入对"安全"的用心。

六、对外开放度高

雄安新区是一座正在崛起的全球开放城市，拥有国际一流的营商环境，成为外国资本赴华投资的首选地之一。雄安新区开放设施完善，将设立自由贸易试验区，率先探索贸易便利化、营商自由化的政策措施。对外交通发达，雄安高铁站成为全国高铁网络的一个重要枢纽型节点，北京大兴国际机场成为雄安新区对外联系的桥头堡。外来人口将超过雄安新区当地人口，外国常住人口占总人口比重将超过北京、上海、广州和深圳。雄安新区将越来越多承担国际交往中心的功能，成为"一带一路"国际机构的总部基地。

第三节 "雄安质量"的实现路径

正如罗马不是一天建成的一样,"雄安质量"至少需要两代人共同努力才能实现。在今后十年,中央和地方政府宜采取超常规手段从以下路径同步推进"雄安质量"建设:

一、构建环境优、机制新、活力强的创新创业创造体系

雄安新区是一座面向未来的创新型城市,城市创新创业创造活力直接关系到雄安新区未来发展的后劲。从城市发展经验看,年轻城市更容易接受新生的事物和创新群体,易于发展成为创新型城市。[1] 可以说,雄安新区建设世界级创新型城市,时不我待。

雄安新区要抓住承接北京非首都功能集中疏解的重大历史机遇,奠定城市创新创业创造的基础。目前,雄安新区创新资源极度匮乏,单纯依靠城市自身吸引力不足以引进国家级科研机构或国内一流的创业团队,为此要在承接北京非首都功能疏解方面下足功夫。现阶段比较务实的做法就是,围绕规划发展的重点产业方向,精准对接在京科研机构和高校,吸引中国科学院、央企研发机构、部署重点大学重点实验室等一批创新机构到雄安成立新型研发组织,吸引社会力量共同参与,培育发展一批新型的创新主体,打破过去大院大所的创新体制,搭建不同类型的创新平台和创新网络。

雄安新区要以建设重大科学研究基础设施为抓手,打造创新创业创造的高地。随着创新驱动发展、军民融合等国家战略付诸实施,国家开始在北京、上海、合肥、武汉等城市布局建设大科学装置,雄安新区也有机会跻身进入综合性国家科学中心建设之列,促进基础研究与应用研究协同发展。雄安新区拥有特之

---

① Alexander S. Skorobogatov. Why do newer cities promise higher wages in Russia? [J]. Journal of Urban Economics, 2018 (104): 16-34.

又特的体制创新优势，可以围绕信息技术、新材料、生物工程等前沿技术领域承接一批大科学装置和国家实验室，进而吸引全球一流的科学家到雄安新区工作，并带动相关产业发展。①

雄安新区要把大型互联网企业创新平台建设作为创新发展的引爆点，加快建设三创联动的试验区。雄安新区规划建设发展离不开大型信息技术企业支持，自然容易吸引大型互联网企业的关注，阿里巴巴、百度、腾讯、京东等大型互联网企业已着手在雄安新区布局合作项目。这些大型互联网企业强劲实力的背后就是海量的用户数据和正在孵化的众多初创企业。雄安新区应瞄准这些资源，提前布局一批功能齐全、服务周到、实力雄厚的众创平台，吸引孵化出来的初创企业落户发展，育成一批小巨人、独角兽或单打冠军的企业。

二、构建城乡融合、区域高水平一体化的协调发展体系

雄安新区虽然从开发建设到初步建成需要至少15年甚至更长时间，但可以发挥后发赶超优势，提前对城市发展空间进行谋划，实施城乡融合发展，深入推进与周边地区一体化发展，规划建设都市圈，辐射带动更大区域范围。

雄安新区是典型城乡分化的空间形态，实现全域城乡融合发展是城市形态高级化的需要。雄安新区既要推进城区五组团的城市建设，又要推进特色小镇和乡村发展，确保城乡居民在生活水平、基本公共服务、就业机会等方面享受大致相当的水平。雄安新区今后是一座外来常住人口占主导的城市，也要考虑到接纳外来人口安居就业和创业，特别是让外来常住人口享受与本地人无差别的基本公共服务。

雄安新区是正在兴建的新城，加强与周边地区融合发展是扩大发展腹地、壮大自身实力的需要。雄安新区是在托管保定市下辖的三个县以及任丘市三个乡镇、高阳县是在一个乡的基础上成立起来的，跟周边地区具有非常紧密的联系。雄安新区与周边地区今后在基础设施、生态环境治理、产业协作、城市管理等方面要加强对接协作，探索区域融合发展新体制新机制，实现高质量一体化发展。

---

① 叶振宇. 河北雄安新区构建新型创新体系的战略思考［J］. 河北师范大学学报（哲学社会科学版），2019（1）.

雄安新区是京津冀地区规划发展的新兴增长极，将带动辐射冀中地区更大区域范围。从城市发展空间格局看，冀中地区将形成以雄安新区为核心，辐射保定、沧州、廊坊的都市圈。并且，随着京雄城际、京雄高铁、京雄高速等重要对外交通线路建成，雄安新区将发挥综合交通枢纽优势，成为区域性的人流、物流、资金流的交汇之地，因而将通过1小时交通圈、半小时通勤圈带动都市圈内的各节点城市一体化发展。

三、构建以大水系为核心，立体、网络化的生态环境综合治理体系

白洋淀生态环境综合治理是雄安新区绿色发展最关键、最核心的工程，是雄安新区实现高质量发展的主要任务。白洋淀作为"雄安质量"的底色，将受社会公众高度、持续的关注。白洋淀生态环境治理要从山水观、系统观、生态观的视角进行顶层设计和统一部署，从更大空间尺度综合考虑。从太行山生态环境修复出发，将太行山区生态建设列入白洋淀生态环境综合治理体系，在山区实行养山富民工程，鼓励植树造林和发展生态农业，做好水土流失防治。其次，深入研究白洋淀水系，采取系统治理思路对全水系进行生态修复治理，加大对府河等入淀河流两岸村庄排污治理，确保污水达标入淀。再次，淀区生态修复和治理要遵循规律，采取集中治理和分散治理相结合的办法。淀中村实施整体搬迁和集中安置，环淀村实行分散治理，实施"退地还淀"工程，限期停止岸线一千米以内生产生活活动。此外，在引黄补淀的基础上，雄安新区要深入推进海绵城市建设，将城市蓄积水资源与白洋淀贯通起来，实现净水补淀。

雄安新区生态环境需要从空中到地下进行综合治理。雾霾仍是困扰雄安新区绿色发展的软肋。由于地势较低，大气流动性强，水汽湿度大，雄安新区容易出现雾霾天气。从现实问题出发，雄安新区先要治理好大气污染，继续推进有色金属回收冶炼、橡胶塑料制品等本地传统产业整顿改造，同时也要加强与周边地区协同治理。另外，雄安新区应提前实施地表水和污染土地治理，避免日后积累更多的隐患。雄安新区城市污水和工业园区污水宜采取集中治理方式，农村生活污水适合采取小规模、分散治理。地方政府要将受污染土地规划进入集中控制区，实施分步治理。地下水可采取"分散采样、圈定区域、禁止开采、片区治理"方式逐步解决水污染问题。

雄安新区拥有 1770 平方千米，生态环境宜采取网络化的维护治理模式。在具体操作上，雄安新区今后可以利用现代信息技术手段，根据人口和产业分布情况将全域空间划分成若干个面积大小不等的单元，实行生态环境网格化管理，明确责任人和奖惩机制，实现全覆盖治理。在城市垃圾回收、新能源汽车、污水排放、废气排放等领域，不同类型的网格空间应尽可能收集到用户信息，根据实际情况配备相应的"三废"处理能力，引导社会公众参与环境保护，推广使用绿色交通，建设低碳城市。

四、构建高层次、全方位的对外开放体系

雄安新区绝不是关着门搞发展，而是要建成让人向往的全球开放城市。开放包容是雄安新区城市精神的组成部分，是涵养这座城市壮大发展的元素。雄安新区将吸收外部先进要素为我所用，引入外来先进发展理念为我所鉴。

超常规、大规模建设对外交通是雄安新区高层次、全方位开放的基础条件。随着北京大兴国际机场建成，雄安新区不仅可以与全国大中城市联系起来，还可以更加便捷地连上纽约、伦敦、巴黎、东京等世界级大都市，短时间内扩大"朋友圈"的范围。同时，随着京雄城际、京雄高铁、京台高铁、雄石城际等线路规划建设或建成，雄安新区今后将作为区域性高铁枢纽，可实现与全国中心城市 12 小时以内通达，如 4 小时以内到达上海、武汉和西安，8 小时以内到达广州和深圳，10 小时以内到达成都、昆明和重庆。

设立自由贸易试验区是雄安新区高层次、全方位开放的起步条件。雄安新区现有开放水平很低，外资企业非常少，对外贸易规模有限。从现有水平看，雄安新区不能遵循传统的开放路径，而应该着力加大自由贸易试验区改革探索，集成利用现有的开放政策和创新推出具有雄安特点的开放举措，大力打造国际创新创业创造的特区，吸引海内外人才齐聚雄安新区创业，享受国际一流的营商环境和低成本的商务环境。同时，雄安新区可以借助自由贸易试验区深入推进体制机制创新，包括服务业试点开放，建立陆路自由贸易港，率先实行零关税、零壁垒、零补贴的开放政策。

建设海外人才第二家园是雄安新区高层次、全方位开放的支撑条件。雄安新区要筑巢引凤吸引海外高层次人才，特别是海外创业团队。在城市建设方面，城

市主流建筑要秉承以中为主、中西结合的理念，突出中国元素和包容开放的城市精神，创造宜居舒适的城市环境，让海外人才主观上认可这座城市。在配套服务方面，地方政府应实行海外人才绿卡的国民待遇，引入国际一流的教育和医疗机构，让常住的海外人才得到优质公共服务保障。在城市文明方面，地方政府要引入现代城市治理理念，增加社会公众参与，倡导城市民主法制精神。在城市形象视觉方面，雄安新区要按照国际大都市的规格进行城市形象设计，并借助新媒体进行城市形象宣传推介，提高国际化城市的形象。

五、构建多元主体供给、均衡发展的优质公共服务体系

公共服务发展水平低、供给不足是雄安新区高质量发展面临的一块短板。全球城市发展的经验表明，优质公共服务发展水平将直接影响到城市的吸引力。而解决城市优质公共服务资源供给不足问题关键在于尊重市场力量配置资源的作用规律。就雄安新区而言，发展优质公共服务的关键在于同时做好两篇文章，一篇文章就是承接北京优质公共服务资源的辐射转移，另一篇文章就是借助市场力量，吸引国内外最优质公共服务资源到雄安发展。

雄安新区作为承接北京非首都功能疏解的集中承载地，有必要加快发展至少不低于北京水平的教育、医疗等公共服务。目前，北京市已援建雄安新区一所幼儿园、一所小学和一所完全中学，同时也建设了宣武医院雄安分院。这些"大礼包"短期内可以为雄安新区提升公共服务水平起到重要的推动作用，但与城乡居民的实际需求还有非常大的差距。下一步，雄安新区应将计划保留或规划新建的中小学校和医院清单列出来，深入推进这些单位与北京市属重点中小学和三甲医院建立长期的全面共建和帮扶关系，通过人员交流、远程教学或诊疗、异地挂职等方式培养造就一批专业技术人才。

另外，雄安新区还要吸引社会资本和专业人才共同打造优质公共服务体系。地方政府可以采取公助民办、购买社会服务等各种形式，撬动社会资本参与，吸引国内一流的中小学校和三甲医院到雄安新区落户，设立实验学校、国际学校、国际医学中心等，引入全新的办学办医理念，利用较短时间提升优质公共服务水平。此外，雄安新区还可以采用全球招聘的方式，引进教育、医学等领域知名专家托管辖区内的现有中小学校和医院，利用他们的新理念新模式办学办医。总

之，引入社会力量提供优质公共服务的目的在于，突破政府办学办医的传统体制束缚，探索体制多元化、供给差异化的发展模式，使雄安新区教育医疗事业百花齐放。

六、探索稳健、可持续的城市投融资模式

雄安新区城市开发建设需要数万亿元的资金投入，单纯依靠河北省倾其有限财力持续投入恐怕难以为继，也会影响全省其他地区经济社会发展，如果由中央财政直接投资，则会产生较大社会反对之声。若继续走"土地财政"的道路，依靠卖地筹集城市基础设施建设的资金，然后推动土地大面积开发，这种方式显然与目前雄安新区对外宣称的不依靠"土地财政"的承诺相悖。在这种两难的情形下，引入社会资本参与投资是破解雄安新区城市建设融资难题的可取之策。由于雄安新区现处于开发建设初期，城市发展潜力虽说很大，但也面临诸多的不确定性风险。如果地方政府直接面向社会推出一批城市基础设施、公共服务设施、生态环境治理等公私合作项目，企业很可能因短期内难以看到现金流而望而止步。吸引大量的央企和地方国企参与投资，具有可行性，但容易再次引起社会关于"国进民退"的热议。为了稳妥起见，雄安新区可以将城市开发建设项目进行分类打包，分为准公共服务类、经营类和纯公益性的项目，然后采取差异化的融资模式。属于经营类的项目原则上直接通过市场渠道融资，由政府出资成立的投资平台或由社会资本出资成立的企业负责项目开发运作。属于准公共服务类或纯公益性项目则主要由政府财政资金直接投入或引入部分社会资本共同参与。

为了能在较短时间内筹集资金和快速推进城市大规模开发，中央有关部门应研究论证设立"中国雄安投资公司"，将中央财政专项资金直接作为这家企业的基本金，然后对外发行中长期的专项国债，吸引社会资本通过购买国债的途径直接参与雄安新区投资，并获得较为稳定的投资回报率，从中分享雄安新区未来发展机会。中国雄安投资公司将融得的资金用于雄安新区开发建设投入，同时获得雄安新区部分地块的开发特许权。今后，这些巨额的资金投入将通过雄安新区税收和部分土地开发的物业收益进行分期偿还。中国雄安投资公司不是一家赚快钱的企业，而是经营"耐心资本"的城市投资管理公司，专注于雄安新区一些投资回报周期比较长、收益率较低的城市基础设施、公共服务设施和生态环境治理

的投资。

　　总之，"雄安质量"绝不是规划创造出来的，而是实践探索的结果，是新时代我国高质量发展的鲜活经验。"雄安质量"是党中央国务院对雄安新区高质量发展的殷切期待，是实现中华民族伟大复兴"中国梦"的时代标志。"雄安质量"内涵丰富，特征鲜明，是雄安新区引领新时代发展的"中国印象"。尽管当前雄安新区发展水平并不高，创新资源严重不足，各类特殊政策尚未落地，但随着城市规划建设深入推进，"雄安质量"将变得清晰可见，高水准基础设施、高效率城市管理、高品质营商环境、高颜值城市形象、高效能生态环境、高水平公共服务、高层次对外开放等方面将随着城市雏形建成而呈现。"雄安质量"将成为继"深圳速度"之后的另一个具有划时代意义的重要符号。

第七章　北京城市副中心建设监测评价体系

北京城市副中心建设是京津冀协同发展的一项重大项目，随着规划建设发展的有序推进，有必要建立一套科学、有效、可行的监测评价体系，以便今后开展跟踪监测，及时向中央和北京市有关部门提供决策支撑。

第一节　北京城市副中心的基本情况

北京城市副中心规划范围为原通州新城规划建设区，总面积约 155 平方千米，与外围拓展区覆盖通州全区约 906 平方千米。为更好地服务并保障北京首都功能，北京城市副中心定位为行政办公、商务服务和文化旅游三大功能。当前，北京城市副中心建设是我国新型城镇化、京津冀协同发展战略背景下的重大举措，具有重大现实意义和深远历史意义。

一、北京城市副中心设立背景

北京城市副中心的提出经历了从"新城"，到"北京行政副中心"，再到"北京城市副中心"的转变与升华。而这背后反映的是北京城镇化、城市发展方式思路的转变，即从力求打破单中心、摊大饼式粗放发展老路，到增加新城试点突破，再到通过区域协同发展来破解超大城市发展的问题。

（一）通州以新城之姿破围

2004 年新修编的《北京市城市总体规划》，提出加快建设 11 个新城，重点发展通州、顺义、亦庄 3 个新城。中共北京市委十届七次全会明确提出，要"集中力量，聚焦通州，借助国际国内资源，尽快形成与首都发展需求相适应的现代化国际新城"。中共北京市第十一次代表大会进一步提出，要"落实聚焦通州战略，分类推进重点新城建设，打造功能完备的城市副中心"。

（二）北京非首都功能疏解带动通州华丽转身"北京市行政副中心"

为破解北京"大城市病"问题，北京城市功能聚焦于首都功能成为现实所迫、社会所期，北京老城与新城的功能定位需要梳理；借此契机，北京非首都功能疏解被提上日程。

2015 年 4 月 30 日，中央政治局会议审议通过的《京津冀协同发展规划纲要》（以下简称《纲要》）明确了有序疏解北京非首都功能，加快规划建设北京市行政副中心，有序推动北京市属行政事业单位整体或部分向副中心转移。2015年 7 月 11 日中共北京市委通过了《中共北京市委北京市人民政府关于贯彻〈京津冀协同发展规划纲要〉的意见》。北京积极推动老城重组，未来将聚焦通州，加快推进市行政副中心建设，争取 2017 年取得明显成效。

（三）定调"北京城市副中心"，助力京津冀协同发展

2016 年 3 月 24 日，习近平总书记主持召开中共中央政治局常委会会议，听取北京市行政副中心和疏解北京非首都功能集中承载地有关情况的汇报并作了重要讲话。2017 年 9 月，中共中央、国务院批复了《北京城市总体规划（2016～2035 年）》，这个规划对北京城市副中心的范围、定位、空间布局等做了部署。时隔一年，2018 年 12 月 27 日，中共中央、国务院批复了《北京城市副中心控制性详细规划（街区层面）（2016～2035 年）》，这个规划成为指导北京城市副中心建设的纲领性文件。2021 年 11 月，《国务院关于支持北京城市副中心高质量发展的意见》正式印发，该文件是中央支持北京城市副中心建设的重要决策部署。可见，在中央的领导和支持下，规划建设城市副中心是为了承接中心城区功能和人口疏解，以缓解人口资源环境矛盾，治理"大城市病"，更好服务保障首都功能。

二、北京城市副中心设立意义

《北京城市总体规划（2016~2035 年）》明确指出，北京城市副中心为北京未来发展新的两翼之一，承担着示范带动非首都功能疏解和推进区域协同发展的历史责任。其设立与建设具有重要意义。首先，北京城市副中心是优化提升首都功能的重要举措之一。北京城市副中心，是调整优化北京城市空间格局的重大举措。北京"单中心、同心圆式"的城市空间格局，使城市功能过度集中于中心城区。这种发展格局给中心城区造成了严重的交通拥堵和环境压力，也限制了北京综合承载能力的提升，影响北京的可持续发展（赵弘，2009）。① 而北京城市副中心的设立，加之亦庄、顺义等新城，将成为分散疏解中心区功能的重要空间载体，拓展城市发展空间，优化北京城市总体空间格局。

其次，北京城市副中心是疏解非首都功能的一项标志性工程。北京城市副中心作为疏解非首都功能的重要承接地之一，将有效地发挥示范带动作用。《纲要》明确了有序疏解北京非首都功能，加快规划建设北京市行政副中心，有序推动北京市属行政事业单位整体或部分向副中心转移，北京城市副中心将承担北京市的行政、经济、文化等核心职能。

最后，北京城市副中心建设是推动京津冀协同发展的一项重大举措。北京城市副中心建设不仅关系到北京市自身的发展，其作为推动京津冀协同发展的重要环节，与京津冀城市群整体发展命运相关。通州位于北京市东部，紧临廊坊北 3 县，其发展将辐射带动东部地区发展，进而辐射促进廊坊北 3 县的区域协同发展。辐射带动廊坊北 3 县地区协同发展，是城市副中心作为北京重要一翼的使命，也是京津冀区域协同发展的应有之义。

三、北京城市副中心规划简介

北京城市副中心地处长安街延长线与大运河交汇之处，距离天安门直线距离 25 千米，与河北省廊坊市大厂县、香河县和三河市邻近。目前，北京城市副中心规划范围为原通州新城规划建设区，总面积约 155 平方千米，与外围拓展区覆

---

① 赵弘. 论北京城市"副中心"建设［J］. 数据，2009（7）.

盖通州全区约 906 平方千米。从规划的城市规模看，根据《国务院关于对〈北京城市副中心控制性详细规划（街区层面）（2016～2035 年）〉的批复》，北京城市副中心人口密度控制在 0.9 万人／平方千米，到 2035 年常住人口规模控制在 130 万人以内，城乡建设用地规模控制在 100 平方千米左右。从规划的空间结构看，北京城市副中心将按照"一带、一轴、多组团"统筹安排生产、生活和生态空间，其中"一带"是依托大运河建设生态文明带，"一轴"是建设创新发展轴，"多组团"是由 12 个民生组团和 36 个美丽家园共同组成。目前，北京城市副中心已承接第一批市属行政机构，同时推进运河商务区、张家湾设计小镇、自贸区国际商务服务片区等功能组团建设并取得进展，环球影城主题公园建成迎客，京杭大运河通州段已能通航。根据国务院批复，北京城市副中心要建设成为"国际一流的和谐宜居之都示范区、新型城镇化示范区和京津冀区域协同发展示范区，建设绿色城市、森林城市、海绵城市、智慧城市、人文城市、宜居城市，使城市副中心成为首都一个新地标"。

第二节　北京城市副中心建设监测评价指标体系构建

一、构建原则

第一，全面性及重要性相结合原则。围绕城市副中心定位，立足通州区整体发展，以整体性思维评价城市副中心发展状况和发展成果。在全面覆盖的基础上，侧重于监测评价当前城市副中心建设的重点领域和重点方面，同时兼顾吸纳全市对通州区的政府绩效考核、生态及绿色发展考核、营商环境考核等指标体系的重要核心指标。

第二，导向性原则。一方面，坚持目标导向，紧扣《北京城市总体规划（2016～2035 年）》和《北京城市副中心控制性详细规划（街区层面）（2016～2035 年）》关于北京城市副中心的定位和目标，选取与实现目标密切相关的指标。另一方面，坚持问题导向，以发现城市副中心建设中存在的问题为导向，对建设中的重点环节、薄弱环节进行评价，充分发挥指标体系对发现问题的引导作用。

第三，主客观相结合原则。一方面选取来自部门的客观指标，反映区域实际发展情况；另一方面选取来自居民满意度调查的主观性指标，反映通州区居民对发展建设的综合评价。

第四，代表性和可得性相结合原则。在指标选取时，既充分考虑指标的代表性，能够反映城市副中心的发展状况，同时考虑指标数据的可获得性，确保建立的指标体系能够测算出结果。

第五，可替代性原则。对于城市副中心区域内个别不能取得的指标，在充分论证的基础上，采取用全区数据替代的方法进行测算，例如，空气质量、居民人均可支配收入等指标。

第六，动态性原则。指标体系将逐年进行调整：一方面随着城市副中心建设不断向纵深推进，将依据工作重点的变化而动态调整；另一方面是随着统计工作的不断完善，可获得指标不断增多，而动态增加指标。

二、构建依据

北京城市副中心建设监测评价指标体系构建依据如下：①党中央国务院关于建设城市副中心的重大决策部署和习近平总书记关于城市副中心的重要讲话。②市委市政府关于城市副中心建设的工作要求和市领导讲话精神。③区委区政府关于城市副中心建设的工作要求和区领导讲话精神。④《北京城市总体规划（2016~2035年）》《北京城市副中心控制性详细规划（街区层面）（2016~2035年）》等相关规划、文件中对副中心建设的要求及规划中列出的发展指标。⑤市政府绩效考核指标体系、营商环境考核评价指标体系、生态及绿色发展考核体系等各类市级对区级的考核体系。⑥其他国内外有关城市建设的文件、参考资料等。同时，北京城市副中心建设监测评价指标体系也综合借鉴了国内外优秀的指数编制方法。如联合国开发计划署（UNDP）研究的人类发展指标（HDI）、联合国可持续发展委员会创建的可持续发展指标体系（DSR）、硅谷联合投资和硅谷社区基金会联合制定发布的《硅谷指数》（Sillicon Valley Index）等。

三、设计思路

随着从高速增长向高质量发展迈进，中国经济正在开启新的时代。习近平总书记强调，现阶段，我国经济发展的基本特征就是由高速增长阶段转向高质量发展阶段。实现高质量发展，是保持经济社会持续健康发展的必然要求，是适应我国社会主要矛盾变化和全面建设社会主义现代化国家的必然要求。因此，坚定不移推动高质量发展，是着力破解发展不平衡、不协调、不可持续等突出问题的关键聚焦点。

北京城市副中心建设必须坚持高质量发展，创造"副中心质量"。其中，副中心质量应坚持三大主导功能，加上科技创新，推动高端资源要素在副中心布局，构建高精尖经济结构，突出重点产业和优势产业，有效疏解中心城区功能，推动产业结构升级，打造北京发展新高地。要把高质量发展贯穿到"副中心"建设的各个方面，创造"副中心质量"，打造北京重要一翼。因此高质量发展是北京城市副中心建设监测评价的重要方面之一。

高标准建设是城市副中心建设的"切入点"，努力以城市建设的高标准赢得发展的高质量。习近平总书记考察北京城市副中心建设情况时指出，北京城市副中心建设不但要搞好总体规划，还要加强主要功能区块、主要景观、主要建筑物的设计，体现城市精神、展现城市特色、提升城市魅力。由于目前北京城市副中心仍处于起步建设阶段，因此高标准建设是北京城市副中心建设监测评价的重要方面之一。

高品质环境是城市副中心建设的竞争优势，良好的发展环境可以有效带动北京城市副中心高质量发展。以"高品质"引领高质量发展，打造高品质生产生活环境，创建更生态宜居、低碳利用的绿色环境，激发高质量发展全面提升。生态环境保护是经济高质量发展的重要推动力，高质量发展也对生态环境保护提出了更高要求——两者相互融合，密不可分。因此高品质环境是北京城市副中心建设监测评价的重要方面之一。

高水平服务是以人民群众最关心的问题为导向，以增强人民群众获得感为目标的城市副中心建设的体现。习近平同志在党的十九大报告中指出："党的一切工作必须以最广大人民根本利益为最高标准。"高水平服务要求更加注重民生社会保障，把市民最关心、最直接、最现实的问题，特别是教育、医疗卫生、养老等方面的工作做得更好，推动城市管理服务与人民群众的日常生活精准对接。城市规划建设做得好不好，最终要用人民群众满意度来衡量，因此高水平服务是北京城市副中心建设监测评价的重要方面之一。

因此，本章紧密围绕北京城市副中心规划建设、首都"四个中心"战略定位、京津冀协同发展等，从高质量发展、高标准建设、高品质环境、高水平服务四个方面，设计了"四高"北京城市副中心建设监测评价指标体系（见图 7-1）。

图 7-1 "四高"北京城市副中心建设监测评价体系设计思路

四、体系设计

按照高质量发展、高标准建设、高品质环境、高水平服务"四高"的设计思路，围绕北京城市副中心的战略定位，以及"三大功能、四大板块"，构建了北京城市副中心建设监测评价指标体系，其体系包括了 4 项理念层、15 项目标层、53 个指标层。指标数据源于北京市统计局、区统计局及区税务局、规划国土委通州分局等全区 20 余个部门（详见表 7-1）。

表 7-1　北京城市副中心建设监测评价指标体系

理念层	目标层		指标层	计量单位	权重（100）	数据提供单位
高质量发展	综合实力	1	规模以上企业税费	亿元	2.5	区税务局
		2	规模以上企业税费占全区比重	%	2.5	区税务局
	效益效率	3	单位建设用地 GDP ★	亿元/公顷	2.5	市规划国土委通州分局
		4	单位建设用地一般公共预算收入 ★	亿元/公顷	2.5	市规划国土委通州分局
	结构优化	5	第三产业增加值占 GDP 比重 ★	%	2.5	区统计局
		6	高精尖企业收入合计	亿元	2	区统计局
		7	文化及相关产业收入			
		8	租赁与商务服务业增加值	亿元	2.5	区统计局
		9	科学研究与技术服务业增加值	亿元	2.5	区统计局
		10	服务性消费占总消费比重			
	科技创新	11	全社会研究与试验发展（R&D）经费支出占 GDP 比重 ★	%	3	市统计局
		12	每万 R&D 人员折合全时当量 ★	人年	2	市统计局
		13	创新创业平台数量	个	2.5	区科委
	营商环境	14	累计新增外资企业数	个	2	区商务委
		15	累计引进海外留学人员数量	人	1.5	区人保局
		16	营商环境企业满意度			
	美好生活	17	居民人均可支配收入 ★	元	2	区统计局
		18	居民人均文化娱乐消费支出占人均消费支出比重 ★	%	1.5	区统计局
		19	城镇居民人均住宅建筑面积 ★	平方米/人	1	区统计局
高标准建设	基础设施	20	基础设施投资 ★	亿元	2.5	区统计局
		21	综合管廊长度			
		22	集中建设区路网密度			
		23	轨道交通运营线路长度	千米	2.5	区交通局

续表

理念层	目标层		指标层	计量单位	权重（100）	数据提供单位
高标准建设	绿色建筑	24	绿色二星建筑规模	万平方米	1.5	区住建委
		25	绿色二星建筑规模占新建建筑规模的比重	%	2	区住建委
高品质环境	生态环境	26	人均公园绿地面积★	平方米/人	2.5	区园林绿化局
		27	公园绿地 500 米服务半径覆盖率★	%	2.5	区园林绿化局
		28	林木绿化率★	%	2.5	区园林绿化局
		29	污水处理率★	%	3	区水务局
		30	PM2.5 平均浓度★	微克/立方米	3	区环保局
		31	生活垃圾无害化处理率★	%	3	区城管委
		32	公众对生态环境满意度			
	节能减排	33	万元地区生产总值耗水量★	立方米/万元	2.5	区水务局
		34	万元地区生产总值能耗★	%	2.5	区统计局
		35	主要污染物减排★	吨	2	区环保局
高水平服务	公共教育	36	普通中小学专任教师与在校生比	%	2.5	区教委
		37	中小学校专任教师中本科及以上学历人员比例	%	1.5	区教委
		38	普通中小学累计新增校舍面积	万平方米	2	区教委
		39	累计从城六区引进的市重点中小学学校数量	个	2	区教委
	医疗养老	40	累计从城六区引进的三甲医院数	个	2	区卫计委
		41	（每千人口）医疗机构实有床位数	张	2.5	区卫计委
		42	三甲医院总诊疗人次	人次	1	区卫计委
		43	（每千名老人）养老机构床位数	张	2	区民政局
	公共安全	44	万人刑事案件发案率	%	1.5	区公安局
		45	刑事案件破案率	%	1.5	区公安局
		46	食品抽检合格率★	%	1.5	区食药监局
		47	药品抽检合格率★	%	1.5	区食药监局
		48	紧急避难场所有效面积	万平方米	2	区地震局

理念层	目标层	指标层		计量单位	权重（100）	数据提供单位
高水平服务	文化体育	49	（人均）公共文化服务设施建筑面积	平方米	2.5	区文化委
		50	（万人拥有）实体书店数量	个	2	区文化委
		51	人均公共体育场地面积			
	生活便捷	52	一刻钟社区服务圈覆盖率	%	2.5	区社会办
		53	与城六区公共交通联通线数量	条	2.5	区交通局

注：标"★"为使用替代性原则，用通州区数据反映副中心的发展；没有标出权重的指标表示目前没有获得数据。

（一）高质量发展

实现高质量发展，是保持经济社会持续健康发展的必然要求，将创造"副中心质量"及总体规划中涉及城市副中心高质量建设任务转换为评价指标，切实落实党中央国务院和市委市政府对副中心建设的工作要求。该指标包括综合实力、效益效率、结构优化、科技创新、营商环境和美好生活6个目标层。其中综合实力、效益效率和结构优化是经济总量效益结构三个重要维度，科技创新和营商环境是高质量发展的技术保障和环境保障，美好生活是高质量发展的落脚点。下设19项指标。

综合实力用企业缴纳的税费（目前无法计算155区域的GDP及财政收入）来衡量，包括"规模以上企业税费""规模以上企业税费占全区比重"2项指标。

效益效率用单位土地产出来衡量，包括"单位建设用地GDP""单位建设用地一般公共预算收入"2项指标。

结构优化分别选取了产业结构、高精尖企业及服务业消费结构来衡量，具体包括"第三产业增加值占GDP比重""高精尖企业收入合计""文化及相关产业收入""租赁与商务服务业增加值""科学研究与技术服务业增加值"和"服务业消费占总消费比重"6项指标。

科技创新从研发经费和人才投入、研发平台保障角度选取指标，包括"全社会研究与试验发展（R&D）经费支出占GDP比重""每万R&D人员折合全时当量""创新创业平台数量"3项指标。

营商环境从引进的外资企业数、引进的海外人才数量角度选取指标，包括"累计新增外资企业数""累计引进海外留学人员数量"和"营商环境企业满意度"3项指标。

美好生活从居民的收入、支出及居住情况角度选取指标，包括"居民人均可支配收入""居民人均文化娱乐消费支出占人均消费支出比重""城镇居民人均住宅建筑面积"3项指标。

（二）高标准建设

高标准建设是城市副中心建设的"切入点"，深入贯彻习近平总书记视察北京重要讲话精神和市委常委会扩大会议精神，将高起点、高标准建设好城市副中心的任务转化为评价指标。该指标包括基础设施、绿色建筑2个目标层。其中基础设施是当前城市副中心建设的重点，绿色建筑是副中心建设的建筑标准代表。下设6项指标：

基础设施从资金投入、管廊建设、地上路网建设和轨道交通建设角度来衡量，包括"基础设施投资""综合管廊长度""集中建设区路网密度"和"轨道交通运营线路长度"4项指标。

绿色建筑从建筑的规模和比重角度选取指标，包括"绿色二星建筑规模""绿色二星建筑规模占新建建筑规模的比重"2项指标。

（三）高品质环境

高品质环境是城市副中心建设的软环境，将创建更生态宜居、低碳利用的绿色环境的任务转化为评价指标，以引导城市副中心落实打造高品质生产生活环境的工作要求。该指标包括生态环境和节能减排2个目标层。生态环境是公众可直接感受到的环境，节能减排是对环境的保护和资源的充分利用。下设10项指标。

生态环境分别从公园、林木、水、空气、垃圾和公众的满意度角度选取指标，包括"人均公园绿地面积""公园绿地500米服务半径覆盖率""林木绿化率""污水处理率""PM2.5平均浓度""生活垃圾无害化处理率"和"公众对生态环境满意度"7项指标。

节能减排分别从水耗、能耗和减排角度选取指标，包括"万元地区生产总值耗水量""万元地区生产总值能耗""主要污染物减排"3项指标。

（四）高水平服务

以提高人民群众的获得感和幸福感为导向，将市民最关心、最直接、最现实的问题转化为评价指标，推动城市管理服务与人民群众的日常生活精准对接。包括公共教育、医疗养老、公共安全、文化体育、生活便捷 5 个目标层，分别从教育、医疗、养老、安全、文化、体育和为居民生活提供便捷的角度评价副中心的公共服务。下设 18 项指标。

公共教育从教师数量、教师素质、学校数量、校舍面积等角度选取指标，包括"普通中小学专任教师与在校生比""中小学校专任教师中本科及以上学历人员比例""普通中小学累计新增校舍面积""累计从城六区引进的市重点中小学学校数量"4 项指标。

医疗养老从医院数量、床位量、诊疗量和养老床位量角度选取指标，包括"累计从城六区引进的三甲医院数""（每千人口）医疗机构实有床位数""三甲医院总诊疗人次""（每千名老人）养老机构床位数"4 项指标。

公共安全从发案率和破案率、食品和药品合格率、避难场所面积角度选取指标，包括"万人刑事案件发案率""刑事案件破案率""食品抽检合格率""药品抽检合格率""紧急避难场所有效面积"5 项指标。

文化体育从文化设施、体育设施角度选取指标，包括"（人均）公共文化服务设施建筑面积""（万人拥有）实体书店数量""人均公共体育场地面积"3 项指标。

生活便捷从社区服务、出行便利的角度选取指标，包括"一刻钟社区服务圈覆盖率""与城六区公共交通联通线数量"2 项指标。

五、测算方法

通过权重确定、标准化处理、指数合成的方法来对指标体系进行测算。采用定基指数法进行标准化处理，动态反映北京城市副中心时序变化情况；指标体系采用德尔菲法（专家评估法）确定指标权重；采用加法合成法进行指数合成。

（一）权重设定

指标体系权重按照指标的重要程度来确定。划分为三个梯度：第一类为采用的总体规划指标；第二类为体现中央到地方各级领导的讲话要求及采用的政府绩效考核指标；第三类是其他指标。三类指标的权重之比原则上为 3 : 2 : 1。

按照此方法分配权重，城市副中心建设监测评价指标体系中，高质量发展指标设置为 35 分，高标准建设 8.5 分，高品质环境 23.5 分，高水平服务 33 分；通州区监测评价指标体系中，高质量发展 41 分，高标准建设 9.5 分，高品质环境 21.5 分，高水平服务 28 分。

（二）标准化处理

为了保证各个指标层的可加性，先对各个指标值进行标准化去量纲处理。

北京城市副中心建设的指数评价指标主要是看整个区域的纵向变化趋势，为此，综合比较了几种方法后，决定以 2015 年为基期做标准化。

处理方法如下：y_t 为某指标的测算值，y_{2015} 为某指标 2015 年的测算值，p_t 为标准化后的指标值。

正向指标标准化处理：

$$p_t = \frac{y_t}{y} \tag{7-1}$$

逆向指标标准化处理：

$$p_t = 1 / \frac{y_t}{y} \tag{7-2}$$

式（7-1）、式（7-2）中，$t = 2015, \cdots$，对个别数据 2015 年值为 0 的情况，在测算过程中自动以下一年为基期。

（三）指标合成

使用指数加权法进行综合评价得出各级指标的指数值。指数加权分析法的基本公式为：综合指数 $S = \sum P_i * W_i$，其中，P_i 是经过无量纲化处理后得到的测评值，该值乘以相应的权重 W_i 可得到一个分指标的分值，W_i 为第 i 个分指标的权重值；分别计算出各项分指标的分值后再进行加总就得到各级指标的综合指数。

（四）时间选取

本章是以 2015 年为基期，尝试对 2015 ~ 2017 年北京城市副中心建设的阶段效果进行评价。本章指数测算所要的数据需地方政府多个部门提供，因而 2018 ~ 2020 年数据获取比较困难，于是没有对这些年份进行测算。

第三节　北京城市副中心建设的指数结果分析

如表7-2所示，测算结果表明，2017年北京城市副中心总指数值为179.5（以2015年为100为基准），与2015年相比，平均每年提高了40个点，尤其是2016年增幅显著，较上年增长了69.2个点，反映出城市副中心通过2016～2017年的建设取得了明显成效。其中，高标准建设指数最高且上升态势最为明显，2017年指数值为51.1，较2015年增长了5倍，是推动总指数上升的主要力量；高质量发展、高品质环境和高水平服务指数值分别为49.7、36.9和41.8，较2015年分别增长了42.1%、57.0%和26.7%。

表7-2　北京城市副中心建设监测评价指数值

指标层	权重	指数值		
		2015 年	2016 年	2017 年
总指数	100.0	100.0	169.2	179.5
高质量发展	35.0	35.0	42.6	49.7
高标准建设	8.5	8.5	56.7	51.1
高品质环境	23.5	23.5	31.3	36.9
高水平服务	33.0	33.0	38.6	41.8

一、高质量发展领域实现"五升一降"

城市副中心高质量发展由综合实力、效益效率、结构优化、科技创新、营商环境和美好生活六个方面构成。如图7-2所示，营商环境指数是拉动城市副中心高质量发展的重要力量，从2015年的3.5上升至2017年的14.8，增长了3.2倍；综合实力、效率效益和美好生活指数也呈上升趋势，分别增长了4.0%、15.1%和15.1%；科技创新指数在2017年出现了小幅下降趋势，下降了3.7%。

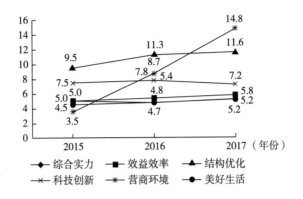

图7-2 构成城市副中心高质量发展指数指标

二、高标准建设领域实现快速发展

城市副中心高标准建设指数由基础设施和绿色建筑两个方面构成。如图 7-3 所示，绿色建筑指数是拉动城市副中心高标准建设指数的重要力量，尽管在 2017 年出现了增长放缓的趋势，但并未影响三年间总体上大幅增长的趋势，较 2015 年增长了 9.6 倍；基础设施指数呈现平稳上升态势，从 2015 年的 5.0 上升至 2017 年的 14.0，增长了 1.8 倍。

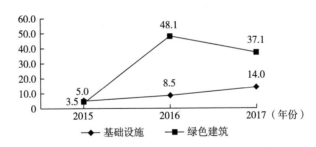

图7-3 构成城市副中心高标准建设指数指标

三、高品质环境领域保持逐年攀升

城市副中心高品质环境指数由生态环境和节能减排两个方面构成。如图 7-4 所示，生态环境和节能减排两个指数均呈上升态势，尤其是节能减排指数上升态势明显，从 2015 年的 7.0 上升至 2017 年的 18.3，增长了 1.6 倍，是拉动城市副中心高品质环境指数上升的主要力量；生态环境指数 2015～2017 年增长了13.0％，尽管增幅相对节能减排指数略低，但北京城市副中心的生态环境指数值一直处于较高的水平，且每年稳步攀升。

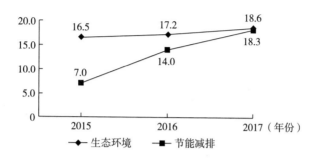

图7-4 构成城市副中心高品质环境指数指标

四、高水平服务领域呈现波动发展

城市副中心高水平服务由公共教育、医疗养老、公共安全、文化体育和生活便捷五个方面构成。如图 7-5 所示，医疗养老指数上升趋势较为明显，从 2015 年的 7.5 上升至 2017 年的 14.9，增长了 98.8％，是拉动城市副中心高水平服务指数上升的重要力量；公共教育指数呈波动变化的趋势，2015～2017 年增长了 36.4％；公共安全、文化体育和生活便捷指数均出现了不同程度的下降趋势，2015～2017 年分别下降了 7.1％、13.4％和 6.6％。

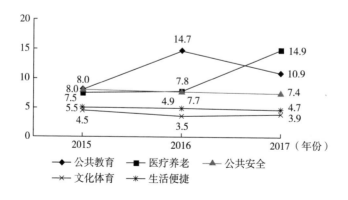

图7-5 构成城市副中心高水平服务指数指标

第四节　北京城市副中心建设发展存在的问题

北京城市副中心建设开局良好，发展较快，但部分指标与北京市平均水平或城六区相比，以及国际先进地区和城市相比，仍有很大的提升空间，城市副中心建设发展过程中面临着如下突出问题：

第一，重点产业均处于起步阶段。北京城市副中心未来拟发展的重点产业（包括金融业、租赁与商务服务业、科学研究与技术服务业等）仍处于起步阶段，规模较小。今后，随着北京行政机构陆续迁入和城市服务配套设施完善，北京城市副中心发展现代服务业条件将明显改善，但现代服务业发展涉及的营商环境、消费能力等方面还要加强。

第二，创新能力比较薄弱。一方面，创新投入及产出均有待加强。城市副中心及通州区需进一步加大创新驱动力，提高研发投入强度和科技创新成果产出水平。通州区全年研究与试验发展（R&D）经费支出占地区生产总值的比例明显低于全市平均水平；每万人口发明专利拥有量仅为全市 10% 左右，明显低于城六区平均水平。另一方面，创业活力及服务质量有待提升。通州区市级创业平台无论是数量还是发展水平都与全市众创空间分布比较集中的朝阳区和海淀区差距较大，北京城市副中心还需不断扩大创业服务规模，持续增强服务能力和质量。

第三，城市基础设施建设滞后。一方面，综合管廊建设力度仍需加大。综合管廊建设在推动城市的现代化、科学化建设发展中发挥了重要作用。目前，城市副中心建成区综合管廊集中分布在运河商务区，总长度为 1.55 千米。从综合管廊建设密度来看，城市副中心约为 0.01 千米/平方千米，与东京市区的 0.2 千米/平方千米和珠海市横琴新区的 0.3 千米/平方千米相比，城市副中心及通州区综合管廊密度有较大差距。另一方面，公路等级亟待改造提升。通州区总的公路里程 2589 千米，其中国道 133 千米，省道 191 千米，县级公路 309 千米，其余都是乡村公路，约占全区千米里程的七成以上。可见，全区公路里程数不少，路网密度较高，达到了 2.86 千米/平方千米，但道路等级较低，需要进一步改造提升。

第四，居民收支水平与城六区有一定差距。居民收入水平和消费能力提高是人民群众追求美好生活的保障。2017 年，全区居民人均可支配收入为 37209 元，仅为全市居民人均可支配收入的 65%，与城六区中收入水平最低的丰台区相比，低约 1.9 万元。全区居民人均消费支出为 11016 元，不足全市居民人均消费支出的 1/3，与城六区中消费水平最低的丰台区相比，低约 2.7 万元。

第五，公共服务水平需持续改善。城市副中心及通州区的公共服务提升较快，但与全市平均水平相比，公共服务质量和水平方面还有较大差距。以医疗服务为例，通州区每千人口医院床位数长期以来不到全市每千人口医院床位数的一半水平，远低于城六区的水平。按照 2017 年 2 月通州区五项普查数据中城市副中心的常住人口（86.2 万人）计算，2017 年城市副中心每千人口医院床位数为 4.2 张，低于全市同期的值（5.2 张）和城六区的平均值（6.5 张）；全区每千人口卫生技术人员为 6.6 人，而全市同期的值为 12.8 人，相差 6.2 人，与城六区平均值（14.4 人）差 7.8 人。

第六，生态环境仍需继续改善。城市副中心绿化美化建设成绩显著，但仍有较大的提升空间。2017 年，城市副中心人均公园绿地面积为 12.75 平方米，较全市人均水平约低 3.45 平方米；公园绿地 500 米服务半径覆盖率为 80%，较全市高 0.3 个百分点，但较城六区中覆盖率最高的西城区低 15.03 个百分点；污水处理率为 85%，较全市低 7 个百分点，较城六区平均水平低 13.5 个百分点；生活垃圾无害化处理率为 98.6%，较全市平均水平低 1.3 个百分点。

第七，节能减排任务还需深入推进。2017 年，城市副中心细颗粒物（PM2.5）年均浓度值为 67 微克/立方米，较全市平均水平（58 微克/立方米）高 9 微克/立方米，也高于城六区中最高的丰台区（62 微克/立方米）的水平；全区万元地区生产总值水耗为 26.74 立方米，按可比价格计算，比 2016 年下降了 19.48%，尽管水耗大幅下降，但仍高出全市（14.1 立方米）约一倍的水平。全区万元地区生产总值能耗为 0.386 吨标准煤，高出全市（0.255 吨标准煤）0.131 吨标准煤，高出城六区平均水平（0.147 吨标准煤）0.239 吨标准煤。

第五节　借鉴国际经验推动北京城市副中心高质量发展的政策建议

针对上述评价分析发现的问题，并结合北京城市副中心建设过程中遇到的问题，提出以下政策建议：

第一，积极培育产业发展生态。在产业培育方面，借鉴新加坡打造高品质营商环境的经验，按照国际规则大力营造良好的市场化营商环境，推进商事登记便利化和电子政务办公高度化，设立专门职能部门营造亲商安商环境，开展企业国际标准化建设及推广工作，出台接轨国际的营商环境提升策略，集成国内自贸区先行先试经验，探索建设离岸众创空间，吸引海外创新团队创业。组建产业园区平台型企业，负责为办公楼宇、功能型园区等产业载体提供园区运营、招商引资、商务服务、项目融资、技术转移等服务，支持其发起设立产业专项发展资金，加大对重点产业领域进行股权投资，促进优势企业壮大发展。充分发挥城市副中心商务服务功能，积极争取国家优惠的税收政策，加快建设财富管理中心。

第二，大力打造创新创业高地。从深圳和硅谷等创新经验来看，拥有完备的创新生态系统和强大的产业配套是创新集聚的关键，快速将创新创意实现产业化，如深圳构建了完善的"基础研究+技术攻关+成果产业化+科技金融"创新链。城市副中心可以按照创新创业创意联动发展的思路，建设新型文化创意社区，推出一站式、菜单化、个性定制的创新创业服务链条。大力实施"聚才引智引技"工程，吸引海内外文化创意等领域的创新团队入驻城市副中心，并为其提供管家式的创业服务。超前谋划开放式创新体系建设，构建基于互联网的众创虚拟平台，将全球科技创新机构、服务中介、科技金融机构等主体连接起来，提供创新创业的增值服务，打造科技成果应用转化平台。充分利用各类空间建设创业载体，利用社区活动中心、社区图书馆等公共活动场所提供小型开发工具和展示空间，营造创客社区网络。

第三，持续加大基础设施建设。在交通道路建设方面，借鉴东京的道路规划设计经验，利用轨道交通串联整个城市，在改造现有铁路线路的基础上，规划建设城市副中心与城六区、其他区以及北三县的城郊快速铁路，连接北京东站、北京站、北京西站等人流量较大的站点，实现直连直通。依托广渠路建设连接从东城区到副中心的地面快速公交走廊，加快朝阳北路改造升级，建设通往城市副中心的第三条快速通道。参照中国香港"大公交"的发展方式，打造多元化公共交通方式的无缝接驳体系，引进连接社区到公交枢纽的中小型电动公交车，鼓励居民绿色出行，消除城市发展的交通"肠梗阻"问题。借鉴我国香港在地下空间开发建设中，注重与管线、地铁、高架、地面环境整合等大型基础设施建设相结合的经验，成立"地下管网（管廊）建设领导小组"，依托大学或科研机构成立城市副中心综合管廊研究中心，统筹协调管廊规划设计、建设、监理、运营、维护等方面工作，实现政产学研用融的互动，推进智能化、虚实结合的地下管廊网建设，提升地下空间利用率。加快推进智慧城市建设，将大数据、云计算、人工智能等新一代信息技术融入城市建设与管理，建设新技术高度集成应用的"城市副中心大脑"，带动相关产业发展。

第四，持续深入改善城市生态环境。在生态环境建设方面，借鉴新加坡"花园城市"建设的经验，插缝绿化，建设立体网络化的绿地系统，提高绿化覆盖率，增加开放空间面积。在节能减排方面，借鉴丹麦的"零碳经济"做法，利用财政补贴和价格激励等政策措施，大力推动可再生能源进入市场，促进企业和公共组织等社会各界有效合作，如共同创建的森讷堡"零碳项目"旨在通过提高能效并改变能源结构打造零碳社区，调动公众在日常生活中广泛参与低碳转型的积极性，如支持低碳交通向低碳社会的过渡等。在垃圾处理方面，积极引进日本垃圾分类处理做法，在城市副中心率先探索城市垃圾分类处理体系，利用人脸识别、红外检测等技术手段推广使用智能垃圾箱。在责任建设方面，引进生态文明建设的信用评价，建立奖惩分明的机制，引导社会公众和企事业单位主动履行生态文明建设的责任。

第五，大力推进优质服务资源有效配置。借鉴香港地区政府通过竞争性机制招标购买社会服务的经验，发挥社区和民间组织的力量，促进城市副中心公共服务供给主体多元化发展，引入政府购买服务和充分的外包竞争机制，吸引社区和民间组织力量参与提供公共服务，用市场化的力量提升城市公共服务的质量。借鉴美国公共服务运行机制经验，推行政府部门间合作提供公共服务，并通过协商设立特殊服务区，把适应由专业化机构统一提供的服务事项交给"特区"，由其提供专业化服务，提高公共服务的规模效益。创新机制承接中心城区优质服务资源，深入推进优质教育帮扶工作，鼓励海淀区、西城区、东城区市属重点学校与通州中小学校开展"手拉手"对口共建行动，支持其在通州设立分校区并输出管理团队、骨干师资和教学管理模式。

第八章 北京市实施"疏解整治促提升"专项行动的评价分析

随着"大城市病"问题日趋突出,推动北京非首都功能疏解成为中央实施京津冀协同发展的"牛鼻子",又是优化提升首都功能的重要抓手。2017 年以来,北京市经过近三年的疏解探索后启动实施"疏解整治促提升"(以下简称"疏整促")专项行动,通过更大力度的疏解实现减量发展,进而破解"大城市病"顽疾。几年来,尽管这项行动面临了较多的挑战和较大的社会争议,然而在各方努力之下取得了明显的效果。本章将对过去几年"疏解整治促提升"专项行动进行总结评估,在分析成效的同时,也揭示了其中的问题和挑战,以便为下一步深入高效推动北京非首都功能疏解提供更有价值和针对性的启示。

第一节 "疏解整治促提升"专项行动政策出台的背景

为推动北京非首都功能疏解取得更大的成效,北京市委、市政府出台实施"疏整促"专项行动,但这个政策出发点绝非政府冲动之举,而是经过较长时间的探索和汲取有关经验的基础上提出来的,是超大城市治理的一次重大实践。

一、萌芽阶段

进入 21 世纪以后，北京市中心城区面临严重的交通拥堵、房价上涨、水资源供应紧张等"大城市病"问题。为此，在《北京城市总体规划（2004～2020年）》明确提出的城市空间发展四个策略中，其中就有三个策略涉及城市功能疏解：其一是区域协调发展，旨在加强与京津冀其他地区在重点发展轴线和环首都城市节点的协调；其二是市域战略转移，旨在通过支持外围新城的发展来打破、改变单中心的城市空间结构，实现中心城与外围新城协调发展，形成多层次、分工明确的城市空间结构；其三是旧城有机疏散，旨在为保护古都厚重的历史文化，推动旧城部分功能向外疏解。虽然《北京城市总体规划（2004～2020年）》并没有明确提出要疏解北京非首都核心功能，但已经承认旧城不堪重负，与保护好世界历史文化名城工作不相适应。并且，《北京城市总体规划（2004～2020 年）》提出 2020 年北京城市人口总体规模控制在 1800 万人以内和外来人口 450 万人左右的目标。然而，事与愿违，由于规划学者和地方政府官员对超大城市发展规律研究不够到位，严重低估了人口规模增长率，事实上，2009 年北京城市人口总规模已达到 1860 万人，2007 年外来人口也达到了 462.7 万人，提早 11 年达到原定的规划目标。可见，如果北京市有关工作严格按照这版的城市总体规划实施，那么就意味着城市基础设施、住房、公共服务、水资源等方面供给都将严重滞后于城市人口实际增长，于是这些问题持续积累和暴露使得北京"大城市病"问题更加突出。而且，国际金融危机发生以后，宏观政策刺激和收紧又进一步推动这些"大城市病"问题积重难返，北京首都功能面临着前所未有的威胁和挑战，以至于这个问题到了中央高层不得不下决心解决的地步。

另外，长期以来京津冀三地一体化发展水平较低，"各自为政、以邻为壑"的现象比较多，区域发展差距较大，环京津贫困带成为区域不平衡发展的典型现象。北京作为国家首都、京津冀区域中心城市理应发挥的辐射带动效应，促进周边地区更快发展，然而，事实恰好相反，"大树底下不长草"现象比较突出，北京集聚了京津冀地区优质要素资源，集聚效应明晰强于扩散效应，加之，京津冀三地产业链创新链不畅通，而是呈现割裂、断层或脱钩的状态，京津冀三地产业难以发挥互补、协作优势。更重要的是，京津冀地区优质公共服务资源布局高度不平衡，地区之间公共服务人均投入和发展水平差距都比较大。在这样的情况下，京津冀三地发展差距扩大之势很难避免，由此导致了北京从津冀地区集聚越来越多的人口。2010 年第六次全国人口普查数据表明，河北籍流入北京的人口占外省市流入北京人口总数的 25% 以上。①

二、酝酿阶段

党的十八大以来，以习近平总书记为核心的党中央已经认识到不失时机地破解北京"大城市病"问题，加快推动京津冀协同发展的紧迫性。"先谋而动""久久为功"鲜明反映了党中央推动京津冀协同发展需要经历较长时间的深入探索的过程。习近平总书记在 2013 年 5 月就提出了京津"双城记"，同年 8 月在研究河北发展的问题上提出京津冀协同发展。2014 年 2 月 26 日，习近平总书记在北京主持召开座谈会，首次公开提出京津冀协同发展，并将之上升为国家战略。2015 年 4 月 30 日，习近平总书记主持中央政治局会议，审议通过了《京津冀协同发展规划纲要》。2016 年 2 月，由京津冀协同发展领导小组办公室牵头编制的《"十三五"时期京津冀国民经济和社会发展规划》印发实施。2016 年 2 月，习近平总书记主持中央政治局会议研究北京城市副中心和北京非首都功能疏解集中承载地建设问题。可见，2013~2016 年，为了推动京津冀协同发展和解决"北京大城市病"问题，习近平总书记亲自谋划、亲自部署、亲自推动了这一区域重大战略的顶层设计、付诸实施。

在此过程中，北京市委、市政府启动了新一轮城市总体规划修编工作，正如习近平总书记在 2014 年 2 月 26 日考察北京时所指出的，"首都规划务必坚持以人为本，坚持可持续发展，坚持一切从实际出发，贯通历史现状未来，统筹人口资源环境，让历史文化与自然生态永续利用、与现代化建设交相辉映"。2014年，为了落实《京津冀协同发展规划纲要》，北京市委、市政府从非首都功能重点领域入手，研究制定了《北京市新增产业的禁止和限制目录（2014 年版）》等重要文件。据统计，2014~2021 年关停退出一般制造业和污染企业约 3000 家，累计不予办理登记业务 2.3 万件以上，疏解整治中心城区各类交易市场和物流中

---

① 数据来源：《中国人口普查年鉴 2010》。

心约 1000 个，推动一批产业转移疏解项目在环首都周边地区落户，特别是曹妃甸示范区、天津滨海—中关村科技园、保定·中关村创新中心、沧州渤海新区生物医药产业园等合作平台建设。① 同期，京津冀三地政府签订了合作协议，加强推动产业转移、交通一体化、生态环境协同治理、科技创新、公共服务等方面全面、深入合作。

三、实施阶段

经过 2014～2016 年的实践探索，《北京市人民政府关于组织开展"疏解整治促提升"专项行动（2017～2020 年）的实施意见》于 2017 年 1 月正式印发实施，该文件的出台标志着"疏解整治促提升"成为推动北京非首都功能疏解的主要抓手，也成为完善特大城市治理、加快经济高质量发展等重点任务的关键路径。为了落实这项工作，北京市有关部门根据任务分工出台了《北京市无证无照经营和"开墙打洞"专项整治行动方案》《首都核心区背街小巷环境整治提升三年（2017～2019 年）行动方案》《老旧小区综合整治工作方案（2018～2020年）》等多个专项任务方案，这些方案从不同方面协同推动长期淤积而成的非首都功能能够在较短时间内实现疏解。同年 9 月，《北京城市总体规划（2016～2035 年）》经中共中央、国务院批复同意实施，这个规划对北京作为全国政治中心、文化中心、国际交往中心、科技创新中心的城市总体定位都做了深入、全面、系统的战略布局，同时也体现了"都"与"城"、"舍"与"得"、疏解与提升、"一核"与"两翼"的关系。

另外，在 2017～2020 年攻坚行动中，北京市有关部门明确"疏解整治促提升"行动的任务指标，根据各地区情况将任务目标分解到各区，引导各区采取拉网式摸排方式梳理出疏解整治任务清单，鼓励基层创新实践，由点到面推广。为了尽快见效，北京市建立了"年计划、季拉练、月调度、周反馈、日报告"的工作调度机制，通过各级"一把手"亲自主抓来推动这项工作和通过现场拉链来促进各区之间的比、学、赶、帮、超，建立政府督查、第三方评估、媒体监

---

① 资料来源：2022 年 2 月 23 日北京市发改委发布的《京津冀协同发展成效》。

督、市民信访等多渠道相互组合的监督评价机制。①

进入"十四五"时期，北京市委、市政府总结了"疏解整治促提升"专项行动成效和经验，积极推动"疏解整治促提升"升级版。随着"疏解整治促提升"专项行动取得重大进展，北京市紧抓推动非首都功能疏解这个"牛鼻子"，深入落实《京津冀协同发展"十四五"实施方案》，实施新一轮"疏解整治促提升"行动。此轮疏解是在巩固上一轮"疏解整治促提升"成果的基础上，聚焦重点难题，突出分区施策，以提升为导向，注重提升城市品质，满足民生需求，同时也将重点项目征迁收尾、桥下空间治理、施工围挡、临时建筑等列入专项行动。不过，跟"十三五"时期相比，此轮"疏解整治促提升"专项行动着眼于精准疏解，聚焦重点地区、重点人群、重点环节发力，减轻了基层政府疏解包袱。

第二节　"疏解整治促提升"专项行动的
政策设计与实践探索

2017 年以来，北京"疏解整治促提升"专项行动实施力度之大、范围之广，是一场声势浩大、成效突出的城市治理革命，是毫不放松抓住推动非首都功能疏解这个"牛鼻子"的重大举措。为此，北京市政府先后制定和实施了《关于组织开展"疏解整治促提升"专项行动（2017～2020 年）的实施意见》和《关于"十四五"时期深化推进"疏解整治促提升"专项行动的实施意见》，这两份文件具有如下特点：

一是瞄准城市规划建设管理的难题进行重点攻坚突破。这两个文件具有前后延续性，又体现了"疏解整治促提升"专项行动阶段性任务重点变化。第一轮"疏解整治促提升"专项行动（2017～2020 年）着眼于十大重点任务进行全面突破，以城六区为重点、以核心区为重中之重，"疏解"和"整治"是此轮专项行动的关键之役，而"提升"具有探索之举。这轮疏解专项行动是对北京城市建

---

① 资料来源：谈绪祥. 绘疏整促长卷　谱首都治理新篇［J］. 前线，2020（10）.

设与管理长期以来积累形成的历史问题进行了集中处理，在制度建设方面统筹"破"与"立"的关系。第二轮"疏解整治促提升"专项行动（2021~2025 年）在巩固疏解整治成果的同时更加着眼于十大重点任务，进而实现首都功能、城市治理和发展质量的提升，更好体现瘦身健体式减量发展的核心要义，使"提升"在此阶段变得更加重要（见表 8-1）。

表 8-1　"疏解整治促提升"专项行动两个阶段的比较

序号	2017~2020 年重点任务	2021~2025 年重点任务
1	拆除违法建设	一般性产业疏解提质
2	占道经营、无证无照经营和"开墙打洞"整治	公共服务功能疏解提升
3	城乡结合部整治改造	违法建设治理与腾退土地利用
4	中心城区老旧小区综合整治	桥下空间、施工围挡及街区环境秩序治理
5	中心城区重点区域整治提升	棚户区改造、重点项目征拆收尾、商品房项目配建公共服务设施移交
6	疏解一般制造业和"散乱污"企业治理	中心城区疏解提质
7	疏解区域性专业市场	城乡结合部重点村整治
8	疏解部分公共服务功能	重点区域环境提升
9	地下空间和群租房整治	治理类街乡镇整治提升
10	棚户区改造、直管公房及"商改住"清理整治	市属国有企业治理提升

资料来源：《北京市关于组织开展"疏解整治促提升"专项行动（2017~2020 年）的实施意见》和《关于"十四五"时期深化推进"疏解整治促提升"专项行动的实施意见》。

二是强化不同机制协同保障。鉴于"疏解整治促提升"专项行动任务涉及各方面的利益，北京市为此建立了一个 100 亿元的市级"疏解整治促提升引导资金"，各区同步配套资金，共同建立政府基金管理平台。这些财政引导资金采取集中捆绑使用，吸引社会资本共同参与，放大政府资金的引导作用，通过市场化手段激励利益相关方协同推进疏解整治任务。同时，由于疏解整治容易引发各类纠纷，北京市建立了城市管理执法与立法反馈互动机制，完善城市管理有关法律法规，建立多部门快速反应、联合执法、高效运转的工作机制。

三是发挥督查考评的指挥棒作用。为了形成上下协同一致推动疏解整治工作，北京市建立督查考评工作机制，通过察访核验、第三方评估、督查考核等途径比较客观地评价各区推动"疏解整治促提升"专项行动的工作成效，也能及时发现问题。并且，北京市灵活运用考评结果，将之列入市政府绩效考评的重要内容。另外，北京市有关负责同志深入一线督导、现场观摩和点评指导，组织开展"比、学、赶、帮、超"活动，推广典型经验，对各区工作形成倒逼的机制。

第三节　"疏解整治促提升"专项行动取得的成效

五年来，经过各级政府的协力推动，"疏解整治促提升"专项行动由表及里、全面系统促进城市面貌与管理明显改善，促进城市治理能力显著提升，进一步巩固了首都核心功能更高效发挥。主要成效体现在以下几方面：

一是产业疏解任务基本完成。据统计，2017~2020年，北京市各区累计疏解退出一般制造业企业1819家、治理散乱污企业7179家，疏解提升区域性市场和物流中心632个。① 随着这些疏解任务完成，全市产业布局"低小散乱"现象明显改观，一大批村镇工业园区通过撤并和整治实现功能调整，街道摆摊占地现象大幅度减少，产业从形态到结构都发生了质的进步。

二是城市服务功能优化布局。在各级政府的努力下，北京市城六区高校、医疗机构等服务功能主体整体或部分向外搬迁。如天坛医院实现整体搬迁改善了天坛周边的城市环境；又如，同仁医院、友谊医院分别设立亦庄院区、通州院区，不仅改变了亦庄和通州优质医疗资源不足的状况，从某种程度缓解了主院区就诊的压力。在高校疏解方面，中国人民大学建设通州校区，未来将这个校区建设成为该校本科生培养基地；北京城市学院整体搬迁至顺义，实现一址办学。首都医科大学、北京建筑大学、北京电影学院、北京信息科技大学、北京工商大学等院校都加快在城六区之外建设新校区，逐步将主校区转移至新校区。

三是市级行政中心向城市副中心转移。随着城市副中心重点项目逐步建成投

---

① 数据来源：2020年2月5日北京市政府举行的"十四五"时期深化推进疏解整治促提升专项行动实施意见新闻发布会。

入使用，市级行政中心进驻北京城市副中心，第一批市级机关 35 个部门、涉及 165 个单位已迁驻新址办公，市委、市政府等"五套班子"都已经搬到城市副中心，市发改委、市经信局、市科委等市直机关都已迁入，截至 2020 年底累计迁入机关事业单位工作人员约 1.2 万人。① 随着市级行政中心的示范和集聚效应显现，城市绿心建成、市属国企总部搬迁、环球影城开业等新气象彻底扭转了通州发展滞后的状态，也加快推动通州与北三县一体化发展进程。

四是城市环境整治开新局。2018 年以来，北京市通过拆除违法建设累计腾退土地 1.69 万公顷，这些土地通过实施"留白增绿"6921.6 公顷，建成投入使用的口袋公园、微型绿地约 460 处，明显提升城市人居环境。2018~2020 年全市综合整治"开墙打洞"、占道经营、群租房、无证无照经营、直管公房转租转借等行为，累计治理问题 19 万个，实现动态清零。同期，全市完成核心区 2336 条背街小巷环境整治，全市范围内新一轮背街小巷环境精细化整治提升全面启动实施。"两轴"、"三金海"、亮马河等 45 个重点区域综合治理取得重大进展，什刹海西海湿地 6000 米邻水步道全面贯通，前门三里河公园、亮马河国际风情水岸等地成为新的热门旅游景点和市民休闲游玩去处。②

五是城市更新改造加速推进。2017 年以来，随着违法建设的菜市场等便民市场拆除，北京市综合考虑了居民生活需求和居住小区布局，建设提升基本便民网点 5133 个。例如，东城区建设了一批便民服务综合体，实现了城市社区商业服务功能全覆盖；又如，海淀区清河街道引入车客家园"线上预订+门店体验和自提+社群分享"新型零售模式，改变传统社区商业服务方式；再如，丰台区设立了 5 分钟便民蔬菜网点建设规划，在花乡等地试点引入果蔬自动售卖机，探索自助便民网点建设。另外，2017~2020 年全市完成棚户区改造 11.1 万户，实施老旧小区综合改造项目 82 个。③ 在老旧小区改造中，北京市建立多部门协同推进工作机制，把加装电梯、新建或改造养老服务设施、建设无障碍设施等适老化项目列入老旧小区改造工作，同时也深入实施老旧小区楼房加固、管线改造、环境

① 数据来源：京津冀协同发展领导小组办公室编：《京津冀协同发展报告（2020 年）》，中国市场出版社 2021 年版，第 210 页。

②③ 数据来源：2020 年 2 月 5 日北京市政府举行的"十四五"时期深化推进疏解整治促提升专项行动实施意见新闻发布会。

绿化、危旧楼拆除重建、物业管理补齐增强等工作。

综上可见，北京市"疏解整治促提升"专项行动是城市大规模的"内修"，是治理"大城市病"的重大举措。在强有力的行政力量干预之下，这次专项行动尽管社会争议较大，但其成效是可圈可点的，已得到市民的理解和点赞。据北京市信访矛盾分析研究中心在 2007 年开展的一项调查显示，在北京非首都功能疏解的政策举措中，受访者对占道经营、"开墙打洞"、无证无照经营等方面整治和取缔知晓度最高，达到 88.8%，而 85.6% 的受访者支持北京的疏解工作。①

第四节 "疏解整治促提升"专项行动的 问题与对策建议

2017 年以来，北京实施"疏解整治促提升"专项行动确实受到社会各界的广泛关注，也引起较大的社会争议，承受舆论、群众、相关市场主体群访等压力。这次专项行动是对城市发展的历史积累问题的纠错和整改，也是对城市规划建设管理的一次检讨反思，从中暴露出了一些值得关注的问题：

第一，城市管理疏漏和地方"保护伞"导致了城市违法建设屡禁不止。事实上，本次疏解拆除的违法建设面积如此之大是令人触目惊心的，并且，很多违建项目是地方政府利用集体建设用地违规建设的房屋、厂房或商业设施以及部分公房业主私自建设的用房。这些违法建设项目之所以能够长期存在，一方面原因是北京城市管理长期缺位、功能缺失，以及有关部门对有些违建项目存在人为或客观上的监管真空；另一方面原因是地方政府有关部门和官员充当"保护伞"作用，对这些违建项目长期以来采取"睁一只眼闭一只眼"态度，以至于积少成多，违建面积越摊越大。

第二，相关市场主体的合法产权没有得到应有的保护。在中关村电子城、大

---

① 数据来源：北京市信访矛盾分析研究中心.从社会矛盾指数研究的角度看北京市居民对疏解非首都功能的认知及行为选择［J］.信访与社会矛盾问题研究，2018（3）.

红门服装批发市场等项目疏解中，有关商户、商铺的"小业主"和商城"大业主"对政府强力疏解意见不一，但很多商户因租约未至之时被迫撤离而承受很大的损失，但政府和"大业主"补偿不到位，由此导致了一些商户集体上访。同时，在回购"小业主"产权时，地方政府和商城"大业主"采取强制回收摊位和成本价回购，导致"小业主"投资利益得不到应有的保护。由于这场"疏解整治促提升"如暴风骤雨式推进，许多相关利益主体难以应对政府的施压，只能选择配合政府政策调整，被迫妥协退出。

第三，各级政府层层加码减少城六区的人口。为了减少城六区人口的绝对量，北京市有关部门设定了城六区的人口疏解指标，并通过层层分解方式落到每个街道（乡镇），城六区及其所辖各街道（乡镇）在这个指标的基础上又自己加码落实。在目标责任制的倒逼下，有关街道（乡镇）采取了落户限制措施，特别是对单位集体户和外来人口采取严格限制措施，如要求单位集体户限期清理出去有房子的户口，加大对群租房查处、城乡结合部整治、商贸市场关停等。这些"战时"措施确实取得了一些效果，但城六区人口下降幅度不如预期，政府却付出了很大的代价，疏解人口成本非常高。并且，政府通过行政力量减少城六区人口的行为备受社会的质疑，因为在未能有效促进优质教育医疗等服务功能相对平衡发展的情况下，政府行政手段难以降低城六区人口规模。

第四，"重整治、轻治理"现象比较突出。在"疏解整治促提升"专项行动中，北京市各级政府尽管付出了很大的努力，但这些行为带有明显的短期行为倾向，也不具有长期可操作性，却对城市形象和未来发展产生了很大的负面影响。毋庸置疑，由于地方政府长期忽视了提升那些具有长期性、根本性、科学性的城市治理能力，所以北京市城市规划建设管理已暴露出了诸多问题，城市治理能力明显滞后于城市发展，从而导致了"大城市病"问题比较突出。由此，可以预见的是，在城市治理能力不足的情况下，现阶段疏解效果不仅很难长期得以巩固下来，还可能出现反弹。

上述这些问题是对北京"疏解整治促提升"专项行动的反思和探讨，这个行动还在"十四五"继续开展，对此，北京市有关部门应完善相关政策，着眼于从短期行为介入逐渐转向长期能力建设，通过深刻认识、准确把握超大城市发展规律，进一步提升城市治理能力，更好服务首都功能。具体政策建议包括：

第一，制定精准疏解的"空间方案"。北京市有关部门应利用新技术加大对城市空间类型、功能和问题的精准识别，对违法建设项目要精准识别，不回避问题，依法依规采取分类整治的措施，加大对老旧小区、棚户区、城乡结合部地区、大学大院大所等重点区域排查，编制"问题清单"，发挥城市管理、工商、公安、纪检监察、民政等多部门协同工作机制作用，对有关违法建设坚持"零容忍"，着力解决违法建设剩余的"死角"。

第二，依法保护被疏解商户的合法利益。随着中关村电子城、动物园批发市场、大红门服装批发市场等重点市场疏解任务完成，北京市有关部门应建立法律救助机制，引导有关商户通过法律渠道维护自身合法利益，加大对困难商户的帮扶力度，引导商户抱团到京外发展。

第三，促进优质教育医疗均衡发展。北京市有关部门应推动优质中小学校通过集团化办学跨区发展，通过新建、托管、共建等形式到通州、大兴、房山等区兴办分校或分校区，探索一体化办学，实现教育教学资源共享。继续大力支持优质医疗机构整体或部分科室搬迁到通州、大兴、房山等区，减少东城和西城医疗机构特别是三甲医院的数量。

第四，实施城市治理能力提升专项行动。从全市发展的战略高度出发，遵循超大城市发展的基本规律，制定实施城市治理能力提升专项行动，完善城市规划建设管理的有关规章和工作机制，提高干部队伍素质和能力，积极引用新技术新手段提升城市治理能力，着力破解"大城市病"问题。

第九章　京津冀基本公共服务均等化的评价分析

基本公共服务均等化是党中央国务院为保障人民生活权利、维护社会公平而做出的重大决策部署。长期以来，京津冀三地基本公共服务地区差距较大，基本公共服务共建共享体制机制障碍较多。为此，有学者指出，推进京津冀公共服务一体化是协同发展中最复杂、任务量最大、最需要持久努力的任务。[1] 2014 年以来，在中央的协调领导下，京津冀三地基本公共服务共建共享取得了阶段性进展，吸引了学术界的关注。关于这个领域的研究主要包括：有学者对京津冀地区基本公共服务均等化水平进行测度[2]，有学者讨论了通过财政管理体制改革推动京津冀地区基本公共服务[3]，还有学者讨论了京津冀基本公共服务一体化的机制设计和路径选择[4][5]。总之，实现京津冀地区基本公共服务均等化是一项长期、艰巨的任务，学术研究还处于深入探讨阶段，相关成果将继续为中央和地方推动京津冀公共服务一体化发展的决策服务提供支撑。

① 孙久文，夏添. 新时代京津冀协同发展的重点任务初探 [J]. 北京行政学院学报，2018 (5).
② 武义青，赵建强. 区域基本公共服务一体化水平测度——以京津冀和长三角地区为例 [J]. 经济与管理，2017 (4).
③ 倪红日，张亮，基本公共服务均等化与财政管理体制机制改革研究 [J]. 管理世界，2012 (9).
④ 周金奎，白吉星. 京津冀基本服务一体化机制设计框架 [J]. 2017 (1).
⑤ 张耀军. 论京津冀一体化协调发展的路径选择 [J]. 当代经济管理，2014 (10).

第一节　京津冀基本公共服务均等化评价指标体系

《京津冀协同发展规划纲要》对京津冀三地基本公共服务均等化作了具体要求，在教育、人力资源、医疗卫生、社会保障、公共文化体育等方面采取有力举措，确保到 2020 年，河北明显缩小与京津的公共服务差距，区域基本公共服务均等化水平明显提高。

一、基本公共服务均等化的内涵

基本公共服务是指由政府主导、保障全体公民生存与发展基本需要、与经济社会发展水平相适应的公共服务①，其主要特征是"人人共享、基础需求和机会均等"。2021 年 4 月，国家发展改革委等 21 个部门联合发布了《国家基本公共服务标准（2021 年版）》，从幼有所育、学有所教、劳有所得、病有所医、老有所养等 9 个方面明确了国家基本公共服务具体保障范围和质量要求，这是一份对基本公共服务涉及范围界定比较严格的中央权威文件。这份文件的印发标志着我国基本公共服务地区均等化进入实质性推进阶段，也契合了我国社会主义现代化建设和实现共同富裕目标的基本要求。

基本公共服务均等化是指基本公共服务在地区或城乡之间发展水平差距趋于缩小，但不能简单理解为各地区或城乡基本公共服务无差异或绝对相同。由于我国是一个地区差异较大的发展中大国，基本公共服务均等化更应该理解为中央确定的几大类基本公共服务的范围和质量在各地区保持一致，以满足常住人口能够享受到大致相当的基本公共服务。然而，由于我国各地区发展差距较大，对基本公共服务投入还有明显差距，实现各地区基本公共服务均等化难以做到绝对相等，但要遏制住地区差距扩大的趋势，朝着收敛的方向努力。

---

① 董克用，魏娜．迈向 2030 中国公共服务现代化领导干部阅读坊［M］．北京：中国人民大学出版社，2018.

现阶段，我国重点区域发展进入一体化发展的快速推进阶段，京津冀协同发展、粤港澳大湾区建设、长三角区域一体化发展等区域重大战略实施有力推动了重点区域一体化发展。而基本公共服务均等化发展水平在某种程度上反映了区域一体化发展水平和质量高低。长期以来，京津冀三地发展水平差距较大导致了基本公共服务投入和水平差距比较悬殊。经过中央和地方各级政府这些年的努力，京津冀三地基本公共服务均等化取得了一些进展，为此需要进行客观分析评价，既要看到积极的变化，又要发现其中存在的不足。可见，本章对京津冀地区基本公共服务均等化发展进行评价具有较强的现实意义。

二、评价指标体系构建的基本原则

为了准确、直观反映京津冀基本公共服务均等化的基本情况，在新时代新阶段，按照中央关于京津冀协同发展的重大决策部署，根据《京津冀协同发展规划纲要》和京津冀三地推动公共服务一体化发展的有关要求，通过新发展理念分析京津冀三地公共服务均等化的情况。同时，在构建京津冀基本公共服务均等化评价指标体系过程中，坚持以下基本原则：

（1）坚持问题导向与目标导向相结合的原则。评价指标体系设计综合考虑了京津冀基本公共服务均等化现阶段存在的突出问题，并着眼于问题的要害之处，适当选择问题的靶向性指标，以便于发挥其对反映突出问题的"风向标"作用；并且，这个评价指标体系也考虑了《京津冀协同发展规划纲要》提出的公共服务共建共享取得积极实效的目标，力求从教育、医疗卫生、文化、社会保障等涉及基本公共服务领域出发找到合适的指标。

（2）坚持准确性与可操作性相结合的原则。在指标选取时，注重指标代表性和可得性相结合，充分考虑指标背后的统计学含义和数据获取难易，确保统计指标的数据值能够比较准确地反映京津冀基本公共服务均等化变化的现实，又能经得住推敲。

（3）坚持时效性与前瞻性相结合的原则。针对居民关心的民生服务领域，这个指标体系考虑了有关指标对京津冀基本公共服务均等化的跟踪监测作用，从中发现京津冀三地基本公共服务均等化出现的一些趋势性、苗头性的问题，以及主要矛盾变化、政策实施效果等，以便于及时对当前政策实施的阶段效果进行反馈。此外，指数结果可以为各级政府下一步调整相关政策提供参考依据。

三、评价指标体系与数据说明

本书基于基本公共服务的内涵和数据的科学性、可获得性和完整性，构建了如表 9-1 所示的基本公共服务指标评价体系，用于分析评价京津冀三地的基本公共服务均等化发展的状况。

表 9-1 基本公共服务指标评价体系

一级指标	二级指标	指标说明
教育服务	一般公共预算教育支出占 GDP 比重（%）	衡量教育支出水平
	中小学生师比	衡量中小学办学水平
	中小学生均教育经费支出（元）	分析教育投入情况
文化服务	人均拥有公共图书馆藏量（册）	衡量图书馆馆藏资源
	一般公共预算文化支出及其占 GDP 比重（%）	分析文化投入情况
	单位群众文化机构组织文艺活动次数（次/个）	衡量公共文化活动服务水平
卫生服务	卫生总费用占 GDP 比重（%）	衡量医疗投入水平
	人均卫生总费用（元）	分析医疗负担情况
	万人执业医师数（位/万人）	分析医疗资源情况
	每万人医院床位数（张/万人）	
	医院病床使用率（%）	
社会保障与就业服务	城镇登记失业率（%）	衡量就业服务水平
	年底城镇登记失业人员（万人）	
	社会保障与就业预算支出占 GDP 比重（%）	分析社保和就业的投入
	城市和农村居民最低生活保障平均标准（元）	分析社会救助情况
信息服务	光缆线路密度（千米/平方千米）	衡量信息服务水平
	人均快递业务量（件/人）	衡量快递业务水平
	移动电话普及率（%）	分析移动电话普及情况

为确保数据真实性、可靠性，本章测算上述指标所使用的数据来自相关年份的《中国统计年鉴》、《北京统计年鉴》、《河北经济年鉴》（现更名为《河北统计年鉴》）、《天津统计年鉴》等统计资料，部分缺失数据利用插值法或趋势平

推法进行补充。同时，考虑到各章研究选取的年份一致性，本章选择以 2010 年为基期，分析 2010~2020 年京津冀基本公共服务均等化的变化情况。

第二节　京津冀基本公共服务均等化的评价分析

根据上述评价指标体系，下文将从教育、文化、卫生、社会保障、信息等领域对京津冀三地基本公共服务均等化进行分析，从而判断其是否取得进步以及还存在哪些问题。

一、教育服务

第一，河北省教育预算支出占 GDP 比重高于京、津，并呈现明显上升的态势。如图 9-1 所示，2010~2020 年京津冀三地一般公共预算教育支出占 GDP 的比重具有分化的迹象，北京市一般公共预算教育支出占 GDP 的比重表现出先缓慢上升后下降的趋势，天津市一般公共预算教育支出占比则出现了波动变化，河北省一般公共预算教育支出占 GDP 的比重总体上呈现上升的势头。2015 年以前，北京市一般公共预算教育支出占 GDP 的比重最高，天津市和河北省一般公共预算教育支出占比基本一致。2015 年以来，河北省一般公共预算教育支出占比逐年提高，年均增幅较大，并且，2016 年以后就超过了京、津两地，这是因为河北省教育历史欠账较多，在协同发展背景下加大投入带来的积极变化。相较之下，2015 年以后北京市一般公共预算教育支出占 GDP 比重略有下降，2015~2020 年下降了 0.46 个百分点；同样，2014~2017 年天津市出现了明显下降的趋势，从 2014 年的 3.24% 下降到 2017 年的 2.34%，2018 年触底反弹。综上分析，随着河北省加大教育经费投入，京津冀三地教育发展差距有望逐步缩小。

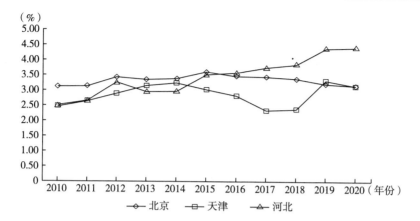

图 9-1　2010~2020 年京津冀三地一般公共预算教育支出占 GDP 的比重

数据来源：相关年份《北京统计年鉴》《天津统计年鉴》和《河北经济年鉴》。

第二，京津冀中小学生师比变化趋势相对稳定，河北省与京、津的差距明显。中小学生师比是反映一个地区办学水平的显性指标，其值越大表明每位教师承担的学生数量越多，如果该值过大则说明了教师配备不合理，极可能影响教学效果。如图 9-2 所示，2010~2020 年河北省中小学生师比数值最高，天津市中小学生师比次之，北京市最低。2020 年河北省生师比为 15.48，比天津市高了 2.43，比北京市高了 4.06。京津冀三地中小学生师比差距不仅说明了京津冀三地中小学办学水平差距较大，还反映了河北省中小学校"大班化"现象比较突出。

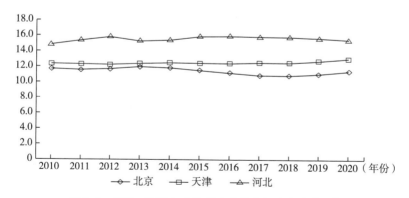

图 9-2　2010~2020 年京津冀中小学生师比变动情况①

数据来源：相关年份《中国统计年鉴》。

---

① 生师比=学生人数/教师人数。

第三，京津冀三地中小学生均教育经费支出差距比较悬殊。如图9-3所示，京津冀三地中小学生均教育经费支出总体上呈现上升的趋势，2010~2020年京津冀三地中小学生均教育经费支出年均增速分别为9.7%、9.5%和9.4%。河北省中小学的生均教育经费保持持续增长的势头，这是京津冀协同发展背景下发生的积极变化。但从横向比较看，京津冀三地中小学生均教育经费支出呈现阶梯式下降，并且，三地差距具有扩大的趋势。如2010年北京市与天津市生均教育经费支出差距为21143.92元，与河北省的差距为40894.96元；到2020年，北京市与天津市生均教育经费支出差距为55048.31元，与河北省的差距为104446.06元。从生均教育经费支出水平看，北京市几乎是天津市的两倍多，河北省的5倍多，即使考虑了消费水平差异影响，这也反映出京津冀三地教育投入极其不平衡的现象。可见，京津冀三地生均教育经费存在较大差距，这种差距具有持续扩大的趋势，如果这种趋势不能得到遏制，京津冀教育协同发展将面临更大的挑战。

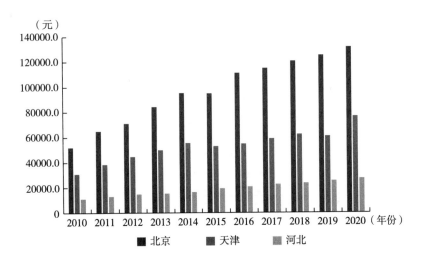

图9-3　2010~2020年京津冀三地中小学生均教育经费支出

数据来源：相关年份《中国教育经费统计年鉴》。

二、文化服务

第一，京津冀三地人均拥有公共图书馆藏量逐年增加，但河北省远低于京

津，也低于国家平均水平。如图 9-4 所示，2010~2020 年京津冀三地人均拥有公
共图书馆藏量均出现了明显的增长，三地的平均增长率分别为 5.1%、4.9% 和
7.7%。京、津图书馆藏量比较接近，高于全国平均水平；相较之下，河北省年
均增速最高，但与京、津的差距呈现扩大的趋势，也长期比国家平均水平落后。
2010 年河北省人均拥有公共图书馆藏量为 0.22 册，与京、津的差距分别为 0.65
册和 0.75 册；2020 年河北省人均拥有公共图书馆藏量为 0.46 册，与京、津的差
距分别为 0.97 册和 1.11 册。

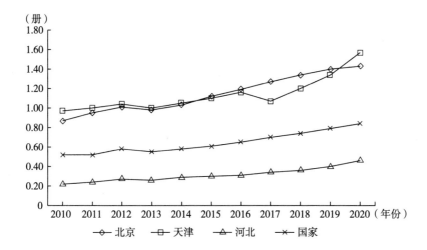

图 9-4　2010~2020 年京津冀三地和全国人均拥有公共图书馆藏量比较

数据来源：相关年份《中国统计年鉴》。

　　第二，京津冀三地一般公共预算文化支出规模差距明显，津、冀两地一般公
共预算文化支出占 GDP 比重比较接近。如图 9-5 所示，2010~2020 年京津冀三
地一般公共预算文化支出年均增长了 11%、3.4% 和 16%，北京和河北年均增速
较高，天津年均增速较慢。此外，北京市一般公共预算文化支出规模最大，符合
建设全国文化中心的定位，但明显高于津、冀两地，2020 年北京市一般公共预
算文化支出规模分别是津、冀的 6.62 倍和 1.37 倍。2010~2020 年京津冀三地一
般公共预算文化支出占 GDP 比重呈现上升趋势。北京市一般公共预算文化支出
占比最高且较长时间保持在 0.7% 水平左右；2020 年天津市一般公共预算文化支

出占比最低，不仅明显低于北京，也低于河北。2010~2020年河北省一般公共预算文化支出占比逐年提高，2018年超过了天津，2019年较上年提高了0.13个百分点，为这段期间内最大升幅。但总体上看，京津冀三地文化投入的地区差距比较大。

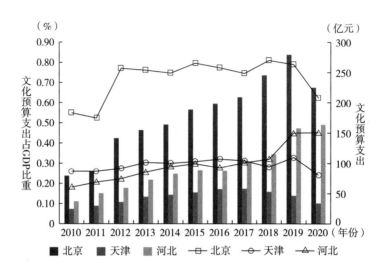

图9-5　2010~2020年京津冀三地一般公共预算文化支出及其占GDP比重

数据来源：相关年份《北京统计年鉴》《天津统计年鉴》和《河北经济年鉴》。

　　第三，京津冀三地单位群众文化机构组织文艺活动次数差异悬殊，河北省低于国家平均水平。如图9-6所示，2010~2020年京、津单位群众文化机构文艺活动组织次数明显增长，河北省低于全国平均水平。北京市单位群众文化机构组织文艺活动次数最多，2020年已达到140.48次/个，是天津市的近2倍、河北省的近7倍，京津冀三地文艺活动次数差距较大。并且，从图9-6中可以看出，在超大城市的文化消费需求增长的带动下，北京市文艺活动次数呈现快速增长、文化事业蓬勃发展的景象。天津市文艺活动次数处于中等水平，2014~2016年增速明显，近些年也保持着稳步上升的趋势，但与北京市相比差距较大。2010~2020年河北省文艺活动组织次数最少，且低于全国平均水平，这说明了河北省组织文化服务能力偏弱，难以满足群众日益增长的文化需求。可见，京津冀三地文化机构组织文艺活动次数差距明显，文化机构跨地举办文艺活动次数较少，还没有形成文化协同发展的局面。

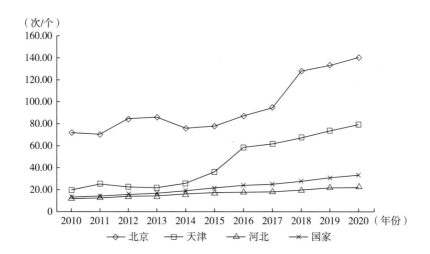

图 9-6　2010~2020 年京津冀平均每个群众文化机构组织文艺活动次数

资料来源：相关年份《中国文化和旅游统计年鉴》。

三、卫生服务

第一，京津冀三地人均卫生总费用差距较大，天津市卫生总费用占 GDP 比重最低。如图 9-7 所示，2010~2020 年京津冀三地人均卫生总费用逐年增长，北京最高，天津次之，河北最低。京津冀三地人均卫生总费用具有明显的差距，主要原因是北京市吸引全国其他地区人员进京就诊，从而导致人均卫生总费用较高。同时，从卫生总费用占 GDP 比重看，世界卫生组织认为发展中国家卫生总费用占 GDP 比重不应低于 5%，2020 年中国卫生总费用占 GDP 的比重为 7.12%[①]，已达到世界卫生组织的建议目标，2010~2020 年京津冀三地卫生总费用占 GDP 的比重呈现上升的趋势。其中，近年来北京市卫生费用占比保持在 8% 以上，2020 年为 9.5%，河北省达到 7.63%，天津市升至 7.44%。

[①]　2020 年我国卫生健康事业发展统计公报（http://www.nhc.gov.cn/guihuaxxs/s10743/202107/af8a9c98453c4d9593e07895ae0493c8.shtml）。

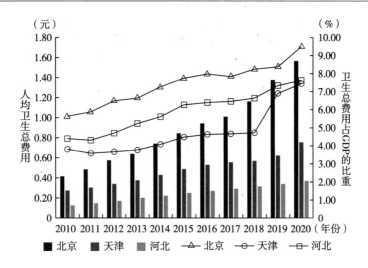

图 9-7 2010~2020 年京津冀三地人均卫生总费用及其占 GDP 的比重

数据来源：相关年份《中国统计年鉴》《北京统计年鉴》《天津统计年鉴》和《河北经济年鉴》。

第二，北京市医疗资源充裕，但河北和天津与之差距较大。如图 9-8 所示，2010~2020 年京津冀三地万人执业（助理）医师数呈现逐年上升的态势，然而，从纵向看，京津冀三地的差距较大，2020 年北京市万人执业（助理）医师数为 49.21 人，约为天津市和河北省的 1.39 倍、1.53 倍；并且，2010~2020 年北京市每万人执业（助理）医师数远高于全国平均水平。天津市每万人执业（助理）医师数略高于河北省，津、冀两地每万人执业（助理）医师数高于全国平均水平。可见，北京市是全国医疗资源分布最为集中的城市，京津冀三地万人执业（助理）医师数仍具有较大差距。

第三，北京市每万人医院床位数高于津、冀，河北省每万人医院床位数增长较快。如图 9-9 所示，2010~2020 年京津冀三地每万人医院床位数保持较快增速，河北省每万人医院床位数最多，如 2020 年河北省每万人医院床位数比北京市、天津市分别多了 1.18 张、9.99 张。2010 年河北省每万人医院床位数最少，为 24.03 张，但随后加大了医疗机构建设，分别于 2017 年、2020 年超过了天津、北京。从表 9-2 可以看出，2013 年以来，京津冀三地病床使用率均出现了下降，主要受病床位大幅增长、新冠疫情等因素影响。综上，京津冀三地每万人床位数明显增长，但病床使用率有所下降。

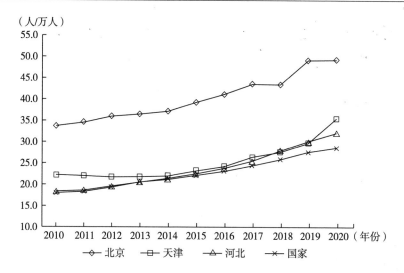

图 9-8 2010~2020 年京津冀三地万人执业医师数（含医师助理）

数据来源：相关年份《中国统计年鉴》《天津统计年鉴》。

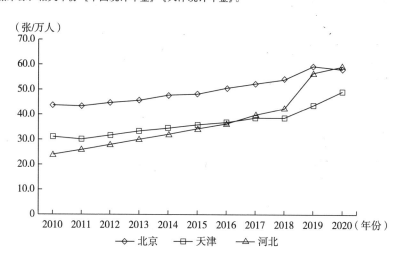

图 9-9 2010~2020 年京津冀三地每万人医院床位数

数据来源：相关年份《中国统计年鉴》《北京统计年鉴》《天津统计年鉴》和《河北经济年鉴》。

表 9-2 2010~2020 年京津冀三地医院病床使用率 （单位：%）

年份	北京	天津	河北
2010	84.5	86.3	82.9
2011	84.4	90.0	85.6

续表

年份	北京	天津	河北
2012	84.3	87.6	88.4
2013	83.5	84.8	88.3
2014	83.2	83.9	86.7
2015	80.6	81.6	83.6
2016	82.2	82.1	86.3
2017	82.4	78.1	83.7
2018	83.4	77.5	82.7
2019	82.6	79.8	81.3
2020	60.9	61.6	70.8

数据来源：相关年份《中国统计年鉴》。

四、社会保障服务

第一，京津冀三地城镇失业率变化相对稳定，河北省失业人口基数较大。如图 9-10 所示，北京市城镇登记失业率最低，2014~2017 年出现一定程度上升后开始回落，2019 年城镇登记失业率为 1.3%，但受新冠疫情等因素影响，2020 年北京市失业率升至 2.6%。天津市城镇登记失业率较稳定，自 2015 年起一直保持在 3.5% 左右，相较之下，河北省城镇登记失业率下降幅度明显，从 2010 年的 3.86% 下降至 2019 年的 3.1%，下降幅度达到 0.76 个百分点，但 2020 年也受到了新冠疫情影响，失业率上升至 3.5%。从城镇登记失业人口来看，河北省失业人口基数最大，2019 年全省年底城镇登记失业人口约为京、津的 4.86 倍和 1.38 倍；天津市年底城镇登记失业人员基数次之，并且，2010~2020 年增加了 11.1 万失业人口，相较之下，河北省同期增加了 3.4 万人，可见天津市虽然城镇登记失业率较稳定，但失业人口却逐年增加。2010~2019 年北京市年底城镇登记失业人口规模为 7 万~8 万人，但受新冠疫情影响，2020 年登记失业人口增至 29 万人，2020 年失业率增长了近 3 倍。综上，北京市城镇登记失业人口规模最小，失业率最低，而津、冀两地城镇登记失业率较高，失业人口较多。

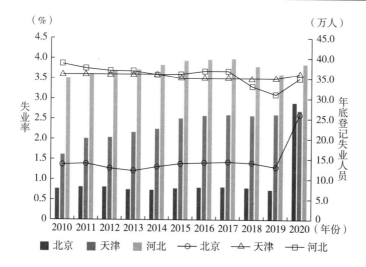

图 9-10　2010~2020 年京津冀年底城镇登记失业人员和失业率

数据来源：相关年份《中国统计年鉴》。

第二，津、冀两地社会保障与就业预算支出占 GDP 比重逐年提高，但北京市近年来出现下降的趋势。如图 9-11 所示，随着民生社会事业发展越来越受到重视，2010~2020 年津、冀地区社会保障与就业预算支出占 GDP 的比重总体上呈现上升的态势，其中津、冀在这期间分别提高了 9.6 个百分点、8.3 个百分点，相较之下，北京市则出现了先上升后下降的情况，但社会保障与就业预算支出规模并没有降低，2010~2020 年平均增长率为 14.36%[①]。2010 年北京市社会保障与就业预算支出占 GDP 的比重最高，河北省次之，天津市最低；到了 2020 年，河北省最高，天津市次之，北京市最低。可见，京津冀三地社会保障和就业差距有望趋于收敛。

第三，河北省城乡低保标准与京、津相比差距较大。如图 9-12 和图 9-13 所示，随着生活水平提高和社会进步，2010~2020 年京津冀三地城市和农村居民最低生活保障标准逐年提升。一方面，2010~2020 年京津冀三地城市居民最低生活保障标准年均增速比较接近，分别为 10.5%、8.4% 和 9.7%，但河北与北京、天津的城市居民最低生活保障标准差距较大，如 2020 年北京和天津城市居民最低

---

① 数据来源：根据相关年份《北京统计年鉴》折算而成。

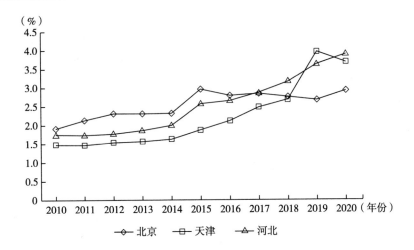

图 9-11　2010~2020 年京津冀三地社会保障与就业预算支出占 GDP 比重

数据来源：相关年份《北京统计年鉴》《天津统计年鉴》和《河北经济年鉴》。

生活保障标准分别为 1170 元/月和 1010 元/月，分别为河北省的 1.74 倍和 1.51 倍，京、津两地城市居民最低生活保障标准比较接近。另一方面，2010~2020 年京津冀三地农村居民最低生活保障标准年均增长率比较一致，分别为 16.1%、14.6% 和 16.2%，但农村居民最低生活保障标准差距明显，如 2020 年北京、天津农村居民最低生活保障标准分别为 14040 元/年和 12120 元/年，分别是河北省的 2.55 倍、2.21 倍，这说明了京、津农村居民最低生活保障标准比较接近，而河北省与之差距较大。

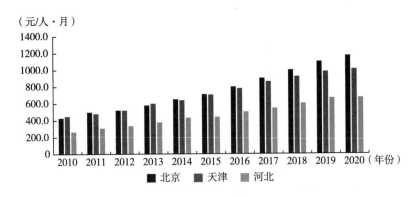

图 9-12　2010~2020 年京津冀三地城市居民最低生活保障平均标准

数据来源：相关年份《中国社会统计年鉴》。

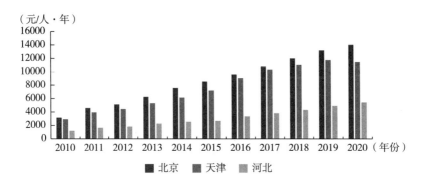

图9-13　2010~2020年京津冀三地农村居民最低生活保障平均标准

数据来源：相关年份《中国社会统计年鉴》。

五、信息服务

第一，河北省光缆线路密度与京、津差距很大。如图9-14所示，2010~
2020年京津冀三地光缆线路密度逐年上升，与这个时期信息服务业高速发展密
切相关。北京市光缆线路密度最大，并保持较快增长速度，2019年天津市光缆
线路密度超过北京，年均增长率为52%；河北省光缆线路密度最小，与京、津差
距呈现扩大趋势，但从2016年开始进入了加速增长阶段，从侧面反映了京津冀
协同发展背景下河北省信息基础设施建设取得的进步。

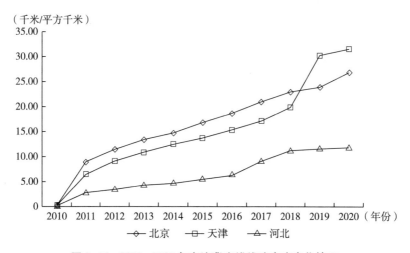

图9-14　2010~2020年京津冀光缆线路密度变化情况

数据来源：相关年份《中国统计年鉴》。

第二，京津冀三地快递业务量加速增长，但差距还是比较明显。到 2018 年底，京津冀地区已全部实现行政村"村村通邮"①。如图 9-15 所示，2010~2020 年京津冀三地人均快递业务量增长较快，2020 年京津冀三地人均快递业务量分别约为 2010 年的 72 倍、22 倍和 78 倍，2010~2020 年京津冀三地快递业务总量年均增长率分别为 53.3%、36.4% 和 54.6%，快递业务量的快速增长客观反映了京津冀三地邮政服务能力水平的提升，但从纵向比较看，京津冀三地人均快递业务量差距悬殊，北京市人均快递业务量明显高于天津、河北。总之，京津冀三地在人均快递业务量方面的差距是区域发展水平差距的缩影。

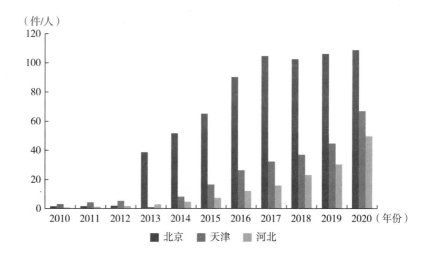

图 9-15　2010~2020 年京津冀三地人均快递业务量

数据来源：相关年份《中国统计年鉴》及 2020 年各地区邮政局统计公报。

第三，北京市移动电话普及率位于全国前列，津、冀与全国平均水平相当。如图 9-16 所示，2010~2020 年京津冀三地移动电话普及率逐年上升，北京市移动电话普及率遥遥领先，2010 年移动电话普及率就已达到 121.36 部/百人，随后连续四年保持着较高的增长速度，2014~2016 年有所下降，2017 年又触底反弹，2020 年移动电话普及率已达到 178.43 部/百人，远高于全国平均水平。2010 年天津市移动电话普及率比河北省和全国平均水平大约高了 14 个百分点，但随后

①　数据来源：《中国统计年鉴 2019》。

天津市移动电话普及率出现了下降趋势。相较之下，河北省移动电话普及率一直在稳步上升，到2016年与天津市大致相当。综上，京津冀三地移动电话普及率差距明显，从中显示北京市领先全国，津、冀在信息服务方面相对落后。

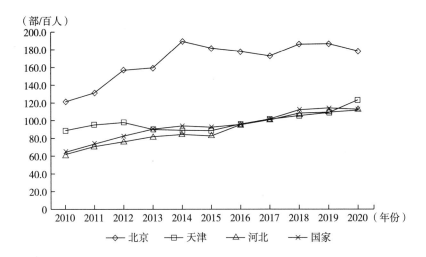

图 9-16 2010~2020 年京津冀三地和全国移动电话普及率比较

数据来源：相关年份《中国统计年鉴》。

第三节 京津冀基本公共服务均等化遇到的问题

通过上文对京津冀三地基本公共服务发展评价分析，从中可以发现京津冀三地基本公共服务差距较大，基本公共服务均等化还面临着一些突出问题。

第一，生均教育经费差距悬殊，生师比分配不均衡。虽然 2010~2020 年京津冀三地生均教育经费支出均保持增长趋势，但是京津冀三地中小学生均教育经费支出差距悬殊，并有扩大的趋势。其次，京津中小学生师比较为接近，河北省较低，与京、津两地相比，教师负担学生过多，侧面说明了河北省中小学教师资源配备不足。

第二，京津冀三地文化服务能力分化明显，天津、河北与北京文化服务水平差异较大。北京市是全国文化中心，集聚了大量的文化资源，举办了较多的高水平文化活动。京津冀三地在文化场馆建设、文化预算支出、文化活动等方面都存在明显的差距，并表现为津、冀与北京的差距较大。

第三，京津冀三地医疗卫生发展差距较大。北京市集聚了全国优质的医疗卫生资源，而津、冀人均卫生总费用偏低，不仅如此，两地的万人执业医师数和万人床位数都低于北京，天津卫生总费用占 GDP 的比重太低，甚至低于世界卫生组织建议的标准。

第四，津、冀失业人口基数较大，河北省城乡低保标准最低。一方面，天津和河北的失业率接近，都比较高，约为北京的 3 倍。同时，津冀两地失业总人口数基数较大，2010~2020 年天津市失业人员累计增加了近十万人，这反映出津冀两地就业状况和就业压力不容乐观。另一方面，京津冀三地城市居民和农村居民最低生活保障标准还存在显著的地区差异。

第四节　促进京津冀基本公共服务均等化的政策建议

针对上述存在的问题，京津冀三地要抓住协同发展的重大机遇，在继续加大薄弱环节投入之外，更应该借助数字技术手段和体制机制创新推动三地基本公共服务便利共享。

第一，建立"互联网+"公共服务共享平台。鉴于体制机制短期内难以实现实质性突破，京津冀三地对推动优质公共服务领域合作的需求又比较迫切，因而京津冀三地应率先在基础教育、医疗服务、就业培训等领域建设"互联网+"平台，将区域优质教育医疗资源和各县（市、区）教育医疗机构整合到"互联网+"平台，采取以中央和地方投入为主，吸引社会资本共同参与建设覆盖各县（市、区）基层远程同步教学中心、远程医学诊断中心和远程就业培训中心。在远程同步教学方面，京津冀三地教育部门应共同研究设立中小学基础公开课程，面向重点学校和特色学校征集和拍摄课程，鼓励各基层远程同步教学中心自主选课和中小学生通过 APP 自主学习。在远程医学诊断方面，在县级医疗机构全面开展疑难杂症的远程诊断服务，由京津冀三地三甲医院专家开展从事异地远程就诊服务。在远程就业培训方面，京津冀三地人力资源和社会保障、教育等部门应加强就业培训、就业需求等方面合作，支持有关职业院校、社会职业培训中心等机构设立远程就业培训中心，实现培训课程、就业渠道、就业信息等方面的共享。

第二，实施数字名师工程和数字名医工程。京津冀三地各级政府应放宽中小学优秀教师参与数字化课程设计和编制的限制，鼓励知名中小学教师开设数字课堂，吸引科技企业与名师、名师工作室签约开发数字课堂，建立名师数字教学中心，通过优质的数字化课程资源向区域内薄弱教学点辐射。同时，为解决患者扎堆进京就医，京津冀三地各级政府应继续放宽优质医疗机构医生兼业从事远程问诊、远程医学指导等限制，吸引科技企业与北京高水平三甲医院合作发展互联网医院、远程医疗中心等数字医疗服务平台，扩大优质医疗资源辐射范围。

第三，通过体制机制创新扩大跨省市政务通办事项。京津冀三地有关部门应研究和梳理出影响跨省市通办政务服务事项的有关上位法律法规。对于不合时宜的法律法规，积极争取中央支持，建立区域协同立法机制，研究制定法律法规修订案，适当放宽"属地管理"责任主体，对涉及居民专业技术职称、职业资质等方面原则上允许跨省市互认。另外，京津冀三地要研究优化属地管理机制，对于能够实现跨省市互认的事项原则上取消重复认定或认证，适当扩大跨省市通办事项范围，原则上高频次政务服务能做到跨省市通办的即办，降低居民跨地区就业生活的成本。

第十章　京津冀协同发展阶段效果的总体评价与前瞻

　　党的十八大以来，在以习近平同志为核心的党中央坚强领导下，在京津冀协同发展领导小组的统筹安排下，京津冀三地和中央有关部门坚持新发展理念，深入贯彻落实京津冀协同发展战略，积极有为、抓实抓细、攻坚克难，顺利完成阶段目标，推动京津冀协同发展迈向新阶段，夯实区域高质量发展的基础。这十年的积极变化表明了党中央推动实施京津冀协同发展战略是遵循区域发展规律的伟大实践，是京津冀实现高质量发展的必由之路。在新时代新阶段，京津冀三地聚焦关键问题，着力打造引领全国高质量发展的重要动力源，努力在协同发展中为实现共同富裕创造有利的条件。

第一节　京津冀协同发展的丰硕成果

　　2014 年以来，京津冀三地牢牢抓住北京非首都功能疏解这个"牛鼻子"推动京津冀协同发展取得新突破，坚持以新发展理念为引领推动区域高质量发展取得新进展。

　　第一，北京非首都功能疏解取得新突破。北京全力贯彻落实习近平总书记关于京津冀协同发展的重要讲话和指示批示精神，制定发布年度性的《北京市新增产业的禁止和限制目录》，开展"疏解整治促提升"专项行动，先后疏解一般制造业企业近 3000 家、疏解提升区域性批发市场和物流中心 1000 个左右，累计拆除违建面积 2 亿平方米以上，完成 3958 条背街小巷环境整治，实现中心城区常住人口明显下降，扎实推进北京城市副中心建设及其与"北三县"一体化发展，优化提升首都功能，开创超大城市实现减量发展的先河。① 天津发挥区位条件和制造优势，打造天津滨海—中关村科技园等合作平台，吸引一大批京企到津投资兴业。河北大力推进承接非首都疏解的平台建设，高标准高质量建设河北雄安新区，"十三五"累计吸引京津 5000 万元以上的投资项目 1171 个，总投资 11348 亿元。②

第二，区域创新发展取得新进展。三地立足实际，找准创新发展路径，增强创新驱动经济社会发展动能。北京大力推动国际科技创新中心建设，依托"三城一区"主平台构建产学研紧密结合的创新体系，在人工智能、类脑研究、量子计算、生物医学等领域取得一些标志性成果，加强与津、冀两地协同创新，2014 年以来与津、冀达成技术合同成交额累计超过 1700 亿元。③ 天津加快实施制造业立市战略，建设新一代超级计算机等重大创新平台建设，启动运行首批海河实验室，依托滨海—中关村科技园推动京津产业链创新链紧密合作。河北统筹推进压产能、减企业和优布局，积极承接京津科技成果转化，鼓励制造业企业加大技术改造投入，2016~2021 年累计新增国家级高新技术企业突破 10 万家和科技型中小企业 9.7 万家。④

第三，区域协调发展开创新局面。一方面，三地自觉推动区域合作，合力打赢脱贫攻坚战。京津两市对口帮扶河北张家口市、承德市和保定市 28 个县（区），实施帮扶项目 2356 个，有力帮助受援县（区）如期完成脱贫任务。⑤ 另一方面，京津冀坚持以人为核心的新型城镇化道路，因地制宜提高城镇化质量。北京有效治理"大城市病"，有力促进城市南部地区、京西地区和生态涵养区高质量发展，实现区域更高水平均衡发展。天津持续优化城市空间布局，形成双城

---

①　数据来源：《中共北京市委"中国这十年·北京"主题新闻发布会实录》。

②　数据来源：《2021 年河北省政府工作报告》。

③　数据来源：历年《北京技术统计市场统计年报》。

④　数据来源：历年《河北省政府工作报告》。

⑤　数据来源：河北省推进京津冀协同发展工作领导小组办公室.举全省之力推动京津冀协同发展不断向纵深拓展［J］.宏观经济管理，2022（1）.

互动、新区带动、各区联动的区域发展格局。河北抓住协同发展机遇，做大做强石家庄、唐山、保定等区域性中心城市，推进城市基础设施、老旧小区改造、公园体系、公共服务体系等建设，全面提升城市品质。此外，京津冀三地交通一体化提速，"轨道上京津冀"正在形成，三地联手打通"断头路"和拓宽"瓶颈路"超过2000千米，主要城市逐渐形成1小时交通圈。①

第四，区域绿色发展实现新跨越。三地加强大气污染治理，统筹实施压能、减煤、治企、抑尘、控车、增绿，淘汰了一大批落后产能，推广使用清洁取暖，空气质量明显改善，三地PM2.5平均浓度达到有记录以来的最好水平。三地持续改善水环境，协同治理地表水和地下水，白洋淀整体达到Ⅲ类水质，入海河流基本消除劣Ⅴ类水体，京城五大河流真正实现"流动的河"，平原地区地下水位明显回升。合力实施风沙源治理、沿海防护林等生态工程，森林覆盖率稳步上升，进一步筑牢生态安全屏障，塞罕坝林场成为享有国际声誉的生态文明建设示范区。

第五，区域开放发展进入新阶段。三地加快推进自贸区等高层次开放平台建设，深入拓展对外开放新空间。北京扎实推进国际交往中心建设，大力推动"两区"建设取得更大进展，落地实施了一批涉及服务贸易改革任务，成功举办2022年北京冬奥会和"中国（北京）国际服务贸易交易会"。天津积极推动自贸区、综合保税区等各类开放平台优化整合，融资租赁、商业保理、平行进口汽车等领域开放举措继续处于全国领先水平。河北抓住协同发展战略机遇，以自贸区建设为依托，以雄安新区建设和北京大兴国际机场通航为契机，大力打造对外开放高地，2012~2021年全省进出口额年均增速为5.18%，明显高于京、津。②

第六，区域共享发展跨上新台阶。在京津冀协同发展战略的带动下，三地积极推动公共服务均等化、便利化，推动一批高频次政务服务实现跨省市通办，在文化教育、医疗卫生、社会保障等领域开展了一批合作项目。同时加大财政支出力度保障和改善民生，确保基本公共服务质量稳中有升。三地深入对接优质公共服务共建共享，北京组织一批优质学校、知名医疗机构与河北有关学校、医疗机

---

① 数据来源：《中共河北省委"中国这十年·河北"主题新闻发布会实录》。
② 数据来源：国家统计局国家统计数据（https://data.stats.gov.cn/）。

构建立结对关系，包括北京援建雄安新区"三校一院"等项目。河北大力吸引京津优质教育、医疗等资源落户，弥补优质服务资源的落差。

第七，组织保障高效有力。为了解决跨省市协调问题，中央成立了京津冀协同发展领导小组，领导小组组长由分管工作的中央领导同志担任，领导小组办公室挂靠在国家发展改革委，具体工作由国家发展改革委地区经济司负责。2014~2019年，京津冀协同发展领导小组按照中央有关部署，制定了《京津冀协同发展规划纲要》《河北雄安新区规划纲要》等重要规划，出台了一系列重要政策文件。相应地，京津冀三地各级政府都相应成立了京津冀协同发展领导小组及其办公室，以便于贯彻落实京津冀协同发展战略。

第二节　京津冀协同发展的有益经验

党的十八大以来，京津冀三地深入贯彻落实京津冀协同发展战略，打破行政分割，深化区域合作，探索高质量发展之路，从中积累了一些有益的发展经验。

第一，坚持党对京津冀协同发展的领导。2014年，以习近平同志为核心的党中央把京津冀协同发展上升为国家区域重大战略，习近平总书记先后多次赴京津冀三地考察调研，亲自谋划、推动京津冀协同发展工作走深入实。2019年1月，习近平总书记指出，京津冀协同发展在"当前和今后一个时期进入到滚石上山、爬坡过坎、攻坚克难的关键阶段"[①]，对京津冀协同发展推进阶段作出了科学判断。中央成立了京津冀协同发展领导小组，将领导小组办公室设在国家发展改革委，统筹领导推进京津冀协同发展的各项工作，相应地，各级党委政府都成立了京津冀协同发展领导小组及其办公室，上传下达、统筹领导本地区落实协同发展战略工作。

第二，坚持以新发展理念引领区域高质量发展。实践表明，新发展理念引领

---

① 数据来源：习近平. 论把握新发展阶段、贯彻新发展理念、构建新发展格局［M］. 北京：中央文献出版社，2021.

京津冀更加清晰、聚焦、全面地推进区域高质量发展，在区域协同创新、区域协调发展、生态环境治理、公共服务便利共享、扩大对外开放等领域均取得了不同程度的进展。在新发展理念的引领下，三地落实区域协同发展的任务更加明确，着力点更加精准，也使协同发展更容易形成实物量的工作成效。在协同发展过程中，三省市更有效、有力地推动区域高质量发展取得更大成效，而区域高质量发展反过来又为三地继续深入推进协同发展创造有利的现实条件。

第三，科学制定京津冀协同发展的顶层设计。2014年以来，习近平总书记亲自参与谋划京津冀协同发展战略，主持审定了《京津冀协同发展规划纲要》《河北雄安新区规划纲要》等重要规划文件，这些文件为协同发展战略顺利实施提供了纲领性指引。在京津冀协同发展领导小组的组织协调下，中央有关部门组织编制了一系列专项规划，京津冀协同发展"1+N"规划体系得以确立。此外，中央有关部门根据实际需要制定了一系列锚定核心问题和关键环节的政策实施意见，统筹使用了财税、金融、土地、创新、海关监管等政策组合工具，有效推动北京大兴国际机场、三地自贸区、北京冬奥会等重大项目、开放平台和体育赛事顺利实施。

第四，把握发展规律扎实推进重点任务落实。以习近平同志为核心的党中央遵循区域发展的基本规律，充分运用行政、法律、经济等手段，确保重点任务落到实处。不仅如此，中央还抓住京津冀区域发展差距过大的问题，从高质量发展、脱贫攻坚、区域一体化发展、区域治理等方面入手，在区域协同发展中着力解决发展不平衡不充分问题。正是基于对这些基本理论和规律的准确把握，中央才能够科学做好京津冀协同发展的顶层设计，确保京津冀协同发展战略的推进时序、重点安排和组织实施。

第五，紧紧抓住北京非首都功能疏解这个"牛鼻子"。从巴黎、首尔、东京等城市疏解产业、人口等经验看，政府意图和目标能否实现的关键在于其是否抓住问题的实质。北京"大城市病"是城市发展深层次矛盾长期积累的结果，对此，中央要求牢牢抓住北京非首都功能疏解这个"牛鼻子"，着力治理北京"大城市病"问题。而且，中央对推动北京非首都功能疏解的决心非常坚决、明确，也做好了久久为功的准备，这些是关系京津冀协同发展能否顺利推进和取得更大突破的关键。

第三节 "十四五"时期京津冀协同发展的基本形势

"十四五"时期将是京津冀协同发展的关键性五年，也是国内外发展环境变化较大的时期。京津冀三地要把握好重大战略机遇，积极应对各种重大风险挑战。

一、宏观形势

京津冀协同发展面临着更加复杂严峻的国际环境。世界正处于百年未有之大变局，各种不确定因素相互交织，京津冀协同发展的外部环境更加复杂。京津冀三地对外贸易下行压力增大，知识密集型服务贸易将很可能遭受贸易保护主义的冲击，津、冀两地港口城市发展将受到全球贸易萎缩的不利影响。同时，随着跨国公司投资意愿下降，京津冀三地在利用外资、承接国际新兴产业转移等方面将受阻。北京在继续强化优化全国科技创新核心功能的过程中，也将受到来自技术转移、人文交流等方面的影响。

中华民族伟大复兴战略全局为京津冀协同发展提供重要的战略指引。"十四五"将是我国在全面建成小康社会的基础上朝着第二个百年目标奋斗的第一个五年，是在危局中开好局的关键五年。党中央国务院紧紧围绕中华民族伟大复兴战略全局统筹制定"十四五"国民经济社会发展规划和2035年远景目标，对新时期京津冀协同发展提出新的要求。并且，"十四五"时期是京津冀协同发展战略承上启下的关键阶段，不仅要巩固前期来之不易的成果，又要力争为圆满完成2030年的规划远期目标而打下坚实基础。

京津冀协同发展面临着相对有利的国内环境。"十四五"时期，我国将开启全面建设社会主义现代化国家的新征程，继续深化供给侧结构性改革，深入推进高质量发展，大力实施扩大内需战略，加快形成以国内大循环为主体、国内国际双循环相互促进的新发展格局。深入实施这些重大举措将为京津冀协同发展创造有利的现实条件。随着新冠疫情期间出台的一系列推动复工复产、助企纾困、

"两新一重"政策的深入实施，京津冀三地有望加快推进基础设施一体化、生态环境治理、区域协同创新等重点任务，并在新型基础设施建设、老旧小区改造、县城城镇化补短板强弱项等工作方面取得较大进展，进而解决一些老大难问题，并加快向现代化的世界级城市群迈进。

二、区域形势

第一，疏解北京非首都功能仍是推动京津冀协同发展的"牛鼻子"。随着"疏解整治促提升"专项行动的强力实施，北京市一般制造业企业、区域性市场集中疏解退出任务已基本完成。然而，北京"大城市病"治理需久久为功，非首都功能膨胀反弹的压力还比较大。况且，中央企业总部迁移才刚启动，北京非首都功能疏解正进入中央部分企事业单位外迁和社会公共服务功能向外疏解的攻坚阶段，为此新一轮疏解则面临着相当大的各方面阻力。

第二，京津冀三地"稳增长""保增长"压力增大。据统计，京津冀地区生产总值占全国的比重由 2014 年的 9.07%下降至 2021 年的 8.47%，下降了 0.6 个百分点。① 2021 年北京市实现地区生产总值 40269.6 亿元，按可比价计算，比上年增长 8.5%，与 2019 年相比，两年平均增长 4.7%；天津市地区生产总值为 15695.05 亿元，按可比价计算，同比增长 6.6%，比 2019 年增长 8.1%，两年平均增长 3.9%；河北省地区生产总值 40391.3 亿元，按可比价计算，比 2020 年增长 6.5%。② 2021 年天津市和河北省经济增速均明显低于全国平均水平（8.1%），制造业增长动力明显减弱导致了津冀两地经济增速放缓。为此，"十四五"时期京津冀协同发展重点不是调整优化存量，而是共同做大发展增量，更好发挥推动我国经济高质量发展的动力源作用。

第三，河北雄安新区和北京城市副中心还处于大规模开发建设阶段。目前，河北雄安新区容东片区已处于全面施工建设阶段，北京支持雄安新区"三校一院"工程进入交付或收尾阶段，京雄高铁、京雄高速河北段等对外交通线已开通，"千年树林"工程和白洋淀生态环境治理取得显著效果。同样，北京城市副

---

① 数据来源：国家统计局国家数据（https://data.stats.gov.cn/）。
② 数据来源：京津冀三地统计局公布的 2021 年经济运行情况。

中心行政中心第一期投入使用，"城市绿心"工程基本完成，重点功能区建设顺利推进。从城市建设发展规律看，"十四五"时期河北雄安新区和北京城市副中心还难以形成明显的集聚效应，需要地方政府投入巨额财政资金才能保障重点项目继续有序建设。"十四五"末，随着城市功能完善和产业逐渐导入，这两座现代新城建设不仅将承接北京非首都功能集中疏解，还将有望成为推动京津冀地区发展的新兴增长极。

第四，重点领域协同发展发生了阶段性变化。在交通一体化方面，省际交界断头路瓶颈路等"肠梗阻"问题基本得到解决，"轨道上的京津冀"建设全面推进，一体化的现代综合交通体系完善提升。在生态环境保护方面，京津冀大气污染协同治理取得了显著成效，水土污染、农村污染成为治理的重点，限制地下水超采倒逼产业调整升级。在产业转移升级方面，京津冀产业转移协作进入"2.0时代"，从北京产业大规模向外疏解阶段向京津冀三地共建产业链创新链阶段转变。在协同创新方面，京津冀三地继续深化现有合作框架，通过产业链创新链联动促进协同创新上水平、上规模。在公共服务合作方面，京津冀三地通过深化体制机制改革和合作模式创新推动一批标志性、互利共赢的合作项目落地见效，同时借助数字化手段培育发展线上教育、数字医疗等新兴服务业态。

第五，组织保障机制继续保留完善。2019年1月，习近平总书记在京津冀协同发展座谈会上就指出，"京津冀协同发展是一个系统工程，不可能一蹴而就，要做好长期作战的思想准备"。为此，京津冀协同发展领导小组及其办公室将继续保留，与之相应的自上而下的组织协调机制不会发生改变，但随着协同发展阶段任务发生变化，地级市及以下协同发展的机构职能将有所弱化。

第四节　推动京津冀高水平协同发展的思路

随着国内外环境变化，"十四五"京津冀协同发展继续推进需要有一些新的思路和举措，才能完成既定的规划任务和目标，也才能真正打破行政区划分割，促进京津冀三地功能优化、产业转移协作和要素自由顺畅流动。具体而言，主要包括以下思路：

第一，推动北京非首都功能疏解纵深推进。"十四五"时期，北京非首都功能疏解的重点是启动中央部分行政性、事业性服务单位和企业总部向外转移，同时在京外设立若干个协同发展的"微中心"，带动北京中心城区非紧密性的行政功能、服务业态和创新资源向外疏解。为了发挥好北京非首都功能疏解集中承载地的作用，雄安新区在城市建设过程中更应该精心设计、高标准打造国际一流的城市品质，建设高水平的创新体系，营造创新创业创造的优质环境，引进一批国际化的创新人才，培养一批具有引领优势的创新型企业。相应地，北京城市副中心要从城市建设转向发展产业，制定差别化、力度大的政策，以吸引北京中心城区高端要素和现代服务业转移集聚。

第二，推动区域交通一体化的新拓展。"十四五"是京津冀区域城际铁路大规模建设的时期。京唐、京雄等城际铁路将建成通车，京石等城际铁路有望开工建设。京津冀13个主要城市之间的城际铁路网今后五年将加快联通结网，实现直达或减少换乘中转次数的"城城通"，在京津、京雄、京保石、京唐、京张、京承等重要线路实现公交化通行。雄安新区综合交通枢纽正在加紧建设，争取"十四五"进入运营后有望缓解大量通过北京过境中转客流。不仅如此，北京大兴国际机场顺利通航，将有利于雄安新区加快建设国际门户城市。

第三，培育一批世界级产业集群。"十四五"京津冀产业转移协作将转向发展高水平产业链供应链阶段，电子信息、信息服务、高端装备制造、新能源汽车等产业要实现产业链跨地布局，钢铁、汽车、船舶、医药、化工等产业要实现基地化集中布局，金融服务、现代物流、健康服务等产业要向不同层次、差异化定位的城市功能区集聚。在产业发展方面，经过前几年的存量调整之后，"十四五"将进入"优存量、强增量、谋储量"的阶段，13个主要城市不论规模大小、行政等级都要着手培育一些具有国际竞争优势的"立市产业"和领军型的优势企业。

第四，实施立体化生态环境综合治理。"十四五"京津冀三地要深入推进生态环境治理向纵深领域拓展，在大气污染治理和白洋淀生态综合治理的基础上进一步延伸至土壤污染、地下水超采和农业农村的污染治理，但不宜分而治之，而应该从地上、地面到地下进行整体、系统性治理，形成立体化的综合治理体系。

为了确保这项任务顺利实施,体制机制创新和制度建设将是京津冀生态协同治理的重要保障,未来要重点围绕跨境河流、水源保护、生态功能区建设等方面引入市场主体参与生态环境治理,逐步探索建立市场化、多层次、高标准的生态补偿机制。

第五,建立开放的区域协同创新体系。目前,京津冀协同创新仍处于项目对接的阶段,今后随着社会进步和技术手段升级,京津冀社会化、市场化、信息化的创新网络建设应成为"十四五"区域协同创新建设的重点,创新合作形式也将从目前常见的委托研究或技术转让逐渐向伙伴式创新和技术投资转变,市场力量将成为区域协同创新的主角。与该趋势相适应的是,无接触式交流越来越多成为区域协同创新的交流方式,网上洽谈对接项目、网上协同研发、创新虚拟社区等工作方式将在一定程度上解决科技创新人才不愿出京发展的难题。

第六,构建"智能+"优质公共服务体系。"十三五"京津冀优质公共服务已经开始探索建立远程教学、远程会诊等"互联网+"模式,"十四五"京津冀三地优质公共服务共建共享要进一步加快,从"互联网+"向"智能+"转换升级,并随着5G技术的大规模商业化应用而全面推开,覆盖面更大,更能将优质公共服务的供需精准匹配起来。举个简单例子,张家口的农村小学生可以通过特定的APP轻松地分享到北京市同类地区优质学校同步课程教学,这样的远程教学让这些京外的孩子能够更加精准找到适合自己的课堂。

第七,精心设计共建"一带一路"的重大工程。从国际科技创新合作入手,着力实施全球创新网络工程,在"一带一路"沿线国家布局建设创新驿站、孵化器等平台节点,构建同国际接轨的技术交易平台,扩大科技创新成果双向流动,建设"创新丝绸之路"的功能枢纽。实施数字经济"走出去"工程,在"一带一路"沿线国家投资建设产业数字化和数字产业化示范项目,建设"数字丝绸之路"的合作范本。着力实施绿色发展示范工程,加强与"一带一路"沿线国家开展大气污染治理等方面国际交流,建设"绿色丝绸之路"的展示平台。

第八,以"两重一新"为抓手推进京津冀世界级城市群建设。一方面,京津冀三地要加快推进县城补短板强弱项工作,发展一批宜居宜业的中小城市,提高超大、特大和大城市的城镇化质量和承载力,推进5个左右都市圈率先建设,形成人口分布合理、都市圈带动、大中小城市协调发展的新格局。另一方面,实施一批"卡脖子"的水利等重大项目建设，建设一些互联互通的水利工程，将区域内的水利枢纽和调水干渠打通，增强区域内部水资源调配能力。此外，京津冀三地还要深入部署建设一批新型基础设施，壮大发展区域新动能，着力为数字化、网络化、智能化的现代社会提供有力支撑。

第九，探索高标准的区域协同发展体制。如果没有大破大立，就没有高水平的协同发展。"十四五"京津冀协同发展体制建设的任务是，加强区域协同发展体制创新的顶层设计，建立高标准的区域协同发展体制，促进干部跨地交流任职、挂职成为常态化、机制性的制度安排，教育、医疗、社会保障、科技创新、对外开放等领域的体制将通过深化改革，逐渐减少差异，向融合发展方向迈进。

参考文献

［1］安树伟．京津冀协同发展战略实施效果与展望［J］．区域经济评论，2017（6）．

［2］安树伟，董红燕．京津冀协同发展战略实施效果中期评估［J］．经济问题，2022（4）．

［3］北京市信访矛盾分析研究中心．从社会矛盾指数研究的角度看北京市居民对疏解非首都功能的认知及行为选择［J］．信访与社会矛盾问题研究，2018（3）．

［4］曹倩，苗润莲，张士运．基于社会网络分析法的京津冀协同发展相关政策研究［J］．图书情报导刊，2022（8）．

［5］陈甬军，丛子薇．京津冀市场一体化协同发展：现状评估及发展预测［J］．首都经济贸易大学学报，2017（1）．

［6］董克用，魏娜主编．迈向 2030 中国公共服务现代化领导干部阅读坊［M］．北京：中国人民大学出版社，2018.

［7］樊纲，王小鲁．中国分省份市场化指数报告（2018）［M］．北京：社会科学文献出版社，2019.

［8］河北省推进京津冀协同发展工作领导小组办公室．举全省之力推动京津冀协同发展不断向纵深拓展［J］．宏观经济管理，2022（1）．

［9］京津冀协同发展统计监测协调领导小组办公室．京津冀区域发展指数稳步上升［N］．中国信息报，2018-08-03.

［10］京津冀协同发展领导小组办公室综合组．努力推动京津冀协同发展迈

上新台阶取得新成效［J］．宏观经济管理，2022（1）．

　　［11］李国平．首都圈结构、分工与营建战略［M］．北京：中国城市出版社，2004．

　　［12］李国平，朱婷．京津冀协同发展的成效、问题与路径选择［J］．天津社会科学，2022（5）．

　　［13］刘秉镰，张贵等．"十四五"时期京津冀协同发展的新格局［M］．天津：南开大学出版社，2021．

　　［14］刘雪芹，张贵．京津冀区域产业协同创新能力评价与战略选择［J］．河北师范大学学报（哲学社会科学版），2015（1）．

　　［15］倪红日，张亮．基本公共服务均等化与财政管理体制机制改革研究［J］．管理世界，2012（9）．

　　［16］孙久文，夏添．新时代京津冀协同发展的重点任务初探［J］．北京行政学院学报，2018（5）．

　　［17］孙久文，王邹．新时期京津冀协同发展的现状、难点与路径［J］．河北学刊，2022（3）．

　　［18］田学斌，陈艺丹．京津冀基本公共服务均等化的特征分异和趋势［J］．经济与管理，2019（6）．

　　［19］檀菲菲，张萌，李浩然，陆兆华．基于集对分析的京津冀区域可持续发展协调能力评价［J］．生态学报，2014（11）．

　　［20］谈绪祥．绘疏整促长卷　谱首都治理新篇［J］．前线，2020（10）．

　　［21］魏后凯．推进京津冀协同发展的空间战略选择［J］．经济社会体制比较，2016（3）．

　　［22］温锋华，谭翠萍，李桂君．京津冀产业协同网络的联系强度及优化策略研究［J］．城市发展研究，2017（1）．

　　［23］邬晓霞，李青．京津冀区域金融一体化进程的测度与评价［J］．广东社会科学，2016（1）．

　　［24］文魁，祝尔娟等．京津冀发展报告（2016）［M］．北京：社会科学文献出版社，2016：1-10．

　　［25］武义青编．京津冀协同发展大事记［M］．北京：经济日报出版

社，2022.

［26］武义青，冷宣荣．京津冀协同发展八年回顾与展望［J］．经济与管理，2022（2）．

［27］武义青，赵建强．区域基本公共服务一体化水平测度——以京津冀和长三角地区为例［J］．经济与管理，2017（4）．

［28］王延杰，冉希．京津冀基本公共服务差距、成因及对策［J］．河北大学学报（哲学社会科学版），2016（4）：83-90.

［29］习近平．论把握新发展阶段、贯彻新发展理念、构建新发展格局［M］．北京：中央文献出版社，2021.

［30］肖金成．京津冀区域合作的战略思路［J］．经济研究参考，2005（2）．

［31］肖金成．科学的空间布局助力"雄安质量"［N］．中国建设报，2018-04-25.

［32］杨开忠．京津冀协同发展的探索历程与战略选择［J］．北京联合大学学报（人文社会科学版），2015（4）．

［33］杨开忠．雄安新区高质量发展要实现四个"创造"［N］．中国建设报，2018-04-25.

［34］杨嘉莹，尹德挺．借鉴深圳浦东经验　努力创造"雄安质量"［N］．北京日报．2019-02-01.

［35］杨志云．京津冀协同发展的公众感知和效果评价：基于四个区县的田野观察［J］．湖北社会科学，2022（1）．

［36］叶振宇．河北雄安新区构建新型创新体系的战略思考［J］．河北师范大学学报（哲学社会科学版），2019（1）．

［37］叶振宇．"雄安质量"的时代内涵与实现路径［J］．天津师范大学学报（社会科学版），2019（4）．

［38］叶振宇．对接"一带一路"共促协同开放［J］．前线，2021（11）．

［39］叶振宇，张万春，张天华，张先林．"十四五"京津冀协同发展的形势与思路［J］．发展研究，2020（11）．

［40］叶振宇．谋战略全局　促协同发展［J］．前线，2020（10）．

［41］叶振宇．十年奋进路　协同著新篇［J］．前线，2022（10）．

［42］叶振宇，刘洁，李鸾，蔡宗炎．京津冀协同发展阶段效果的问卷调查评价［J］．发展研究，2020（2）.

［43］叶振宇．京津冀协同发展的重要进展、现实困难与政策建议［J］．河北师范大学学报（哲学社会科学版），2019（5）.

［44］叶振宇．提升京津冀协同发展的质量与效益［N］．经济日报，2021-03-22.

［45］赵弘．京津冀协同发展的核心和关键问题［J］．中国流通经济，2014（12）.

［46］张可云，蔡之兵．京津冀协同发展历程、制约因素及未来方向［J］．河北学刊，2014（6）.

［47］张耀军．论京津冀一体化协调发展的路径选择［J］．当代经济管理，2014（10）.

［48］祝尔娟，何晶彦．基于大数据分析京津冀产业协同进展与动向［J］．产业创新研究，2017（2）.

［49］祝尔娟，叶堂林，王成刚．京津冀协同发展的最新进展——基于全国海量企业的大数据分析［J］．人民论坛，2015（27）.

［50］周金奎，白吉星．京津冀基本服务一体化机制设计框架［J］.2017（1）.

［51］中国社会科学院京津冀协同发展智库课题组．京津冀协同发展指数报告（2016）［M］．北京：中国社会科学出版社，2017.

［52］中国社会科学院京津冀协同发展智库京津冀协同发展指数课题组．京津冀协同发展指数报告（2020）［M］．北京：中国社会科学出版社，2020.

［53］Alexander S. Skorobogatov. Why do newer cities promise higher wages in Russia?［J］. Journal of Urban Economics, 2018（104）: 16-34.

［54］The World Bank. World Development Report 2009: Reshaping Economic Geography［M］. World Bank Publications, 2009.

［55］Alesina, Alberto, Enrico Spolaore, Romain Wacziarg. Economic Integration and Political Disintegration［J］. American Economic Review, 2000（90）: 1276-1296.

后 记

2014 年以来，笔者逐渐聚焦研究京津冀协同发展和雄安新区规划建设发展领域，这使笔者有机会通过以点带面的方式对区域重大战略顶层设计、推进实施和跟踪评价进行深入的思考。其实，更早之前，笔者已接触京津冀区域合作研究，2007~2008 年有幸参加了孙久文老师主持的北京市社会科学基金一般项目"北京在京津冀区域经济发展中的功能定位研究"，于是在攻读博士期间发表了一些相关的学术成果。2012 年，笔者因参加所内一些课题研究而开始关注北京产业外溢趋势、北京工业布局优化调整等问题，因而在调研中收集到了一些有价值的资料。随着京津冀协同发展战略付诸实施，笔者便专注研究北京非首都功能疏解、京津冀产业转移协作、雄安新区开发建设等问题，截至 2022 年底已发表了 30 余篇学术论文或理论文章，出版了《京津冀产业转移协作研究》等专著或报告，撰写的内部报告获得中国社会科学院优秀对策信息奖二等奖 1 次、三等奖5 次，组织编制了"京津冀协同发展指数""京津冀区域发展指数"等。2016 年12 月至 2019 年 4 月，笔者还承担了中国社会科学院京津冀协同发展智库和中国社会科学院雄安发展研究智库的日常管理工作，从中熟悉了专业智库的运作模式。回顾这十年京津冀协同发展的研究，笔者深切感受到学术研究的专注和问题意识的重要性，也深刻体会到了新型智库发展之难。

本书是笔者主持的国家社会科学基金一般项目"京津冀协同发展的阶段效果评价研究"（批准号：18BGL273）的结项成果，也是中国社会科学院"登峰战略"学科建设区域经济学重点学科项目资助出版的成果。这项成果是笔者这些年关于京津冀协同发展成效跟踪研究的成果小结，同时也是笔者对区域重大战略实施效果评价的思考。当前，我国已实施了京津冀协同发展、长江经济带发展、粤港澳大湾区建设、长三角区域一体化发展、黄河流域生态保护和高质量发展等区域重大战略，这些战略的实施过程迫切需要社会力量深度参与跟踪评估。笔者虽然对京津冀协同发展研究有一些基础，但进入这个领域研究却是比较偶然的。2016~2017年受单位委派，笔者有幸参与组织编制了"京津冀协同发展指数"和参与实施了"京津冀协同发展战略的实施进展与阶段成效"这两个项目；其间，笔者还承担了北京市统计局委托的课题研究，负责编制"京津冀区域发展指数"。这些项目历时一年多完成，研究成果陆续发布之后产生了较大的社会影响，也为中央有关部门的决策提供了重要的支撑。2018~2019年，笔者不仅承担了国家社科基金一般项目"京津冀协同发展的阶段效果评价研究"，还承担了国家发展和改革委员会地区经济司委托的课题，负责编制"京津冀协同发展指数"。这些课题接踵而至倒逼笔者花更多的时间去思考如何科学、全面、客观地评估区域重大战略实施的阶段性效果，以便更好地服务中央决策和积极引导社会舆论。当前，我国区域重大战略评估是中国区域经济学研究的新兴领域之一，无论是基础理论还是评估方法都还不够成熟。这项成果在这方面算是初步的探索，笔者希望更多学者能够参与其中并推动这个领域的研究。不可否认，与国外同行相比，笔者认为这项成果在方案设计、技术手段、数据获取、表现形式等方面存在明显的差距，这些差距恰是笔者今后研究的努力方向。即使这样，笔者仍然期待这本书的出版能够为区域重大战略评估提供一种可行的方案。

本书是一项由笔者主持、多人共同参与的集体研究成果。笔者负责课题研究设计、全书统稿和内容审定。各章写作分工如下：第一章执笔人为叶振宇；第二章执笔人为李姗姗、叶振宇、王欢；第三章执笔人为叶振宇；第四章执笔人为叶振宇、唐恩斌、王宁、姚鹏、王欢；第五章执笔人为叶振宇、姚鹏、余柯玮、李鸾；第六章执笔人为叶振宇；第七章执笔人为崔志新、叶振宇；第八章执笔人为叶振宇、叶素云；第九章执笔人为武海波、叶振宇；第十章执笔人为叶振宇。为完成这项成果，我们深入京津冀三地实地调研，到北京市海淀区、通州区，天津市滨海新区和河北省保定市、雄安新区等地走访企业以及跟当地政府有关部门座谈，从中获得许多关键的参考资料。

本书是集思广益、集众之力的学术成果。2016年，黄群慧老师引导笔者对京津冀协同发展实施效果评价进行研究，使笔者有机会开辟出这个新的研究领域。在这项课题研究中，笔者团队成员崔志新、王宁、姚鹏等同志贡献了很多想法，余柯玮、唐恩斌、王欢、武海波等同学耗费了不少的精力。这项课题研究也是我们努力响应中央和地方政府有关部门需求而着力推动实施的智库项目，得到有关方面的大力支持。国家发展和改革委员会地区经济司吴树林司长、冯垚处长等同志积极支持我们编制京津冀协同发展指数，北京市统计局朱燕南副局长、郑冬华处长、肖京涛副处长等同志在从事京津冀区域发展指数编制或北京城市副中心建设评价的过程中给予我们诸多的帮助和指导，中国社会科学院信息情报研究院卓丽洪、河北师范大学学报（哲学社会科学版）编辑部陈曦、天津师范大学学报（社会科学版）编辑部李德贵、发展研究编辑部王玮、前线杂志社曹晶等专家为本书部分章节的发表提出了许多有益的建议。中国社会科学院工业经济研究所领导和科研处蒙娃处长、王楠等同志为这项课题结项工作提供了支持和帮助。本书的出版工作也得到了经济管理出版社杨世伟社长、刘勇总编、张艳副总编等同志的支持，丁慧敏编辑为本书出版做了细致的编辑工作。借此，我谨代表课题组向上述同志一并致以衷心的感谢！此外，我们在开展这项研究中，收集了有关部门公开或内部的统计资料，参阅了有关部门提供的内部文件资料，参考吸收了国内有关机构发布的报告或同行学者的观点。为此，在本书即将付诸出版之际，谨向这些机构或个人表示感谢！本书毕竟是区域重大战略实施效果评估的探索，难免有疏漏，敬请读者们不吝赐教！

叶振宇

2023 年 3 月 12 日